本研究得到国际社会科学基金（16BJL116）和陕西省软科学一般

U0499524

Research on the Mechanism
and Realization Mode of
Institutional Innovation on

INNOVATION-DRIVEN

制度创新对创新驱动的
作用机理和实现方式研究

李政大　袁晓玲　秦晓萌　◎著

中 国 财 经 出 版 传 媒 集 团
经济科学出版社
Economic Science Press
·北京·

图书在版编目（CIP）数据

制度创新对创新驱动的作用机理和实现方式研究 /
李政大，袁晓玲，秦晓萌著. -- 北京 ：经济科学出版社，
2024.9 -- ISBN 978 - 7 - 5218 - 6270 - 6

Ⅰ. F204

中国国家版本馆 CIP 数据核字第 20245BE600 号

责任编辑：卢玥丞
责任校对：徐　昕
责任印制：范　艳

制度创新对创新驱动的作用机理和实现方式研究

ZHIDU CHUANGXIN DUI CHUANGXIN QUDONG DE
ZUOYONG JILI HE SHIXIAN FANGSHI YANJIU

李政大　袁晓玲　秦晓萌　著

经济科学出版社出版、发行　新华书店经销

社址：北京市海淀区阜成路甲 28 号　邮编：100142

总编部电话：010 - 88191217　发行部电话：010 - 88191522

网址：www. esp. com. cn

电子邮箱：esp@ esp. com. cn

天猫网店：经济科学出版社旗舰店

网址：http：//jjkxcbs. tmall. com

北京季蜂印刷有限公司印装

710 × 1000　16 开　8.75 印张　125000 字

2024 年 9 月第 1 版　2024 年 9 月第 1 次印刷

ISBN 978 - 7 - 5218 - 6270 - 6　定价：60.00 元

（图书出现印装问题，本社负责调换。电话：010 - 88191545）

（版权所有　侵权必究　打击盗版　举报热线：010 - 88191661

QQ：2242791300　营销中心电话：010 - 88191537

电子邮箱：dbts@ esp. com. cn）

前　言

党的二十大报告强调，"坚持创新在我国现代化建设全局中的核心地位"①，并要求统筹推进理论创新、制度创新、科技创新、文化创新等各方面创新。其中，科技创新是推动高质量发展的重要引擎，制度创新能够激发科技创新的巨大潜能。习近平总书记指出，"创新是一个系统工程，创新链、产业链、资金链、政策链相互交织、相互支撑""科技创新、制度创新要协同发挥作用，两个轮子一起转"。②

本书遵循"认识现象、解析现状、探讨成因、提出对策"的应用研究规范。首先，从理论上构建内生增长研究框架，剖析制度创新的作用机理；其次，构建多维度的制度创新评价体系，刻画不同区域制度创新水平；再次，引入绿色全要素生产率理论，将创新驱动转化为现实条件下的多目标求解，构建改进后的混合距离模型 MEBM 和 EBM – Luenberger 生产率变动模型，测度不同区域的创新驱动水平；最后，构建计量经济模型，从技术进步、效率变动、规模效率、技术规模等不同维度，检验制度创新对创新驱动水平的影响效果和实现方式。在此基础上，提出制度创新发展实现路径，为加快形成一个强可持续理论和技术支持的制度创新战略提供理论和决策支持，力求为解决制约创新驱动发展的重大问题提供理论和实践依据。

本书的创新归纳如下。

首先，将制度创新置于强可持续理论视角下进行聚焦审视，构建制

①　习近平：高举中国特色社会主义伟大旗帜 为全面建设社会主义现代化国家而团结奋斗——在中国共产党第二十次全国代表大会上的报告［EB/OL］. 中国政府网，2022 – 10 – 25.

②　习近平：为建设世界科技强国而奋斗——在全国科技创新大会、两院院士大会、中国科协第九次全国代表大会上的讲话［EB/OL］. 新华网，2016 – 05 – 31.

度创新研究新范式和理论新框架。一是基于强可持续发展理论的环境总量非减性发展诉求，将环境污染和环境治理部门纳入制度创新内生增长研究框架；将环境污染和环境建设同时纳入多目标规划求解框架、创新驱动 EBM – Luenberger 分解模型，打通环境双向演进通道，展示主观、客观双向作用机理。二是基于强可持续发展理论的资源总量非减性发展诉求，从能源消耗部门和能源再生部门纳入制度创新内生增长研究框架；将一次能源、可再生能源纳入基于全要素生产率的创新驱动研究全过程，体现"资源投入—制度创新—效率改善"的内在实现方式，引导全社会加快转变能源消费结构和方式。三是以区域差异现实条件为主线，将区域社会禀赋、管理能力等异质性要素纳入制度创新研究全过程，深入剖析制度创新的空间异质性，提出有针对性、差异化、递进式制度创新综合解决方案，不仅拓展制度创新的研究空间，丰富研究内容，而且克服了以单一同质化整体分析作为价值判断依据的弊端，有利于全面、客观地认识制度创新的区域性特征。

其次，构建 EBM 混合距离模型和 EBM – Luenberger 指数，弥补创新驱动分解计算方法的不足。本书构建创新驱动分解模型，将环境污染与经济产出同时引入生产过程，较合理地拟合了环境因素在生产过程中的制约作用，并使得捕捉环境规制的真实经济效应成为可能。为了弥补径向的和非径向的全要素生产率计算方法的不足，本书构建混合距离模型（Epsilon – Based – Measure，EBM），吸收非径向和径向方法的优点，既解决了松弛变量的设置问题，又避免了效率前沿投影值的原始比例失真的现象，弥补效率计算的不足；构建 EBM – Luenberger 指数，克服评价单元集间存在异质性的问题，不需要对测量角度进行选择，不需要进行等比例变动，更加适用于强可持续的生产效率的测度。

最后，基于强可持续发展理论构建生态环境综合测度体系。传统的可持续发展理论认为只要经济发展能抵消环境和社会损失，就是可持续的；而强可持续发展理论强调资源、环境等关键自然资本的非减化，即在经济发展的同时，资源和环境的各自福利也不能下降，否则，即使经济实现增长，也不是可持续的。强可持续发展理论认为自然资本是基本不能和其他形式的资本相互替代的资本，因而是不可替代的范式。"强可持续"于2012年6月在巴西里约热内卢召开的联合国"里约＋20"全球可持续发展大会上被正式确认为新的绿色经济范式，它具有对传统的褐色经济进行范式更替的革命意义。本书基于不断提高环境的吸收（自净）能力，能够保证环境总福利非减性的认识，从生态损害和生态建设两个维度考察生态环境，体现了人类通过改造自然而主动影响生态质量的努力效果，打通生态文明双向演进通道，展示生态文明的主观、客观双向作用机理，避免生态评价的失衡和扭曲。

目录
CONTENTS

第 1 章

绪　　论

1.1　研究背景

党的十九大指出，发展动力要从依靠资源和低成本劳动力等要素投入转向创新驱动，这是加快转变经济发展方式、破解经济发展深层次矛盾的必然选择。《国家创新驱动发展战略纲要》提出，实现创新驱动是一个系统性的变革，要按照"坚持双轮驱动、构建一个体系、推动六大转变"进行布局，构建新的发展动力系统。双轮驱动就是科技创新和体制机制创新两个轮子相互协调、持续发力。

习近平总书记在 2016 年、2018 年的全国两院院士大会上两次强调："科技创新、制度创新要协同发挥作用，两个轮子一起转。"[①] "要坚持科技创新和制度创新'双轮驱动'"[②]。科技创新突出科学技术是第一生产力的作用，通过科学技术创造新的产品、技术、市场等新的经济

[①] 习近平：为建设世界科技强国而奋斗——在全国科技创新大会、两院院士大会、中国科协第九次全国代表大会上的讲话 ［EB/OL］. 新华网，2016 – 05 – 31.

[②] 习近平：在中国科学院第十九次院士大会、中国工程院第十四次院士大会上的讲话 ［EB/OL］. 中国政府网，2018 – 05 – 28.

发展要素；而体制机制创新是调整一切不适应创新驱动发展的生产关系，统筹推进科技、经济和政府治理等三方面体制机制改革，最大限度释放创新活力，其实质是制度创新。

习近平总书记 2020 年 6 月在海南考察时再次强调"要把制度集成创新摆在突出位置"①。良好的制度安排可以通过减少技术创新活动中的外部性，降低创新过程中的交易费用，或减弱不确定性，来增加创新者的预期收益（Chau，2018），鼓励创新活动。此外，当旧的制度不适应技术创新时，制度创新便成为推动技术进步的决定性力量（李晓伟，2009）。

"科学技术是第一生产力"已经广为人知，科技创新也深入人心，但制度创新却任重道远，其对创新驱动的作用潜力有待深入挖掘。究其原因，一是未形成系统科学的制度创新理论体系。充分释放创新驱动发展的活力，不断增强创新驱动发展的能力，关键在于深化改革（张来武，2013），而制度创新则是深化改革的核心（成思危，2014），但制度创新理论体系尚不完备。二是尚未形成制度创新行动纲领。实施创新驱动发展战略应从改变创新制度设计入手（黄宁燕，2013），但基于创新驱动的机制体制设计、制度安排、政策工具、规划手段严重不足，执行机制有待提高。三是缺乏针对不同地区的制度创新政策指导，国内各地区制度创新不均衡特征突出。中国地域辽阔，各地区的社会禀赋、生产要素结构不尽相同，在推动制度创新过程中，缺乏面向不同区域的政策指导，创新针对性、适用性有待提高。

实施创新驱动，保持经济健康可持续发展是国家战略的历史性抉择，而制度创新滞后正在成为我国创新系统矛盾运动的主要方面，本书以问题为导向，以需求为牵引，构建强可持续研究范式，以探索差异化制度创新发展路径，提高创新驱动水平为出发点和落脚点。首先，从理论上构建内生增长研究框架，剖析制度创新的作用机理；其次，构建多维度的制度创新评价体系，刻画不同区域制度创新水平；再次，引入绿

---

① 把制度集成创新摆在突出位置［EB/OL］. 新华网，2022 - 04 - 26.

色全要素生产率理论，将创新驱动转化为现实条件下的多目标求解，从
技术进步、效率变动、规模效率、技术规模等不同维度，检验制度创新
的实现方式；最后，结合不同区域社会禀赋，提出制度创新发展路径及
综合解决方案，为加快形成一个强可持续理论和技术支持的制度创新战
略提供理论和决策支持。本书聚焦重大政策需求，严格遵循"认识现
象、解析现状、探讨成因、提出对策"的应用研究规范，力求为解决
制约创新驱动发展的重大问题提供理论和实践依据。

1.2　研究意义

（1）建立强可持续发展研究范式，探索创新驱动研究新路径。
2012 年 6 月，在联合国"里约 + 20"全球可持续发展大会上，强可持
续范式被正式确认为新的绿色发展范式。强可持续理论认为自然资本是
基本不能和其他形式的资本相互替代的（Neumayer，2013），具有对传
统的褐色经济进行范式更替的革命意义（诸大建，2016）。本书构建
强可持续发展研究范式，为制度创新、创新驱动研究探索新的研究
路径。

（2）厘清制度创新作用机理和实现方式，洞察制度创新脉络，为
科学制定制度创新路径奠定基础。将制度创新与资源束缚、环境约
束、经济可持续发展一起纳入内生增长研究框架，通过数理推导、规
划求解、模拟检验，洞察制度创新在创新驱动中的作用机理；构建制
度创新传导机制、中介效应模型，揭示制度创新对创新驱动的实现方
式，为制定科学、有效的制度创新路径和综合解决方案奠定理论和实
践基础。

（3）提出制度创新实现路径，直接服务于创新驱动政策设计的现实
需要。一是刻画多层面、立体化、差异化的制度创新现实图景，为制度
创新政策设计提供现实靶向支撑。二是从"国家—区域"两个层面对
制度创新中的传导、中介效应进行由表及里、去伪存真的处理，探索制

度创新的实现路径。三是以异质性为考量，从"国家—区域"两个层面制定制度创新综合解决方案，系统化地提出制度创新实现路径，为创新驱动提供决策支持。

1.3 研究内容

本书的研究内容由四个部分组成。

1. 强可持续视角下制度创新的作用机理

从古典经济增长理论到内生经济增长理论，经济发展理论逐渐把要素内生化，制度创新过程中，制度因素可以将资本、劳动力、物质资源等有形要素与技术、知识等进行优化，形成新组合，驱动创新，而新的创新又为制度创新提供新技术、新空间、新方法，如此反复就形成内生性增长（洪银兴，2013）。可见，只有将制度作为产业发展的内生因素，才能科学地解释制度创新与产业发展的内在关系（袁中华，2012），将制度创新纳入内生增长研究框架更符合创新驱动提高发展质量的内涵式发展诉求。

实施创新驱动最终目的是保持经济可持续发展。本书构建包含九部门的经济发展系统，将经济发展、制度创新、技术进步、要素投入、资源束缚和环境约束同时纳入内生增长研究框架。基于强可持续理论，将资源、环境的非减性发展诉求纳入内生增长模型，分别构建资源再生、环境吸收两个经济部门，通过理论推演、数理推导、系统分析和模拟检验，剖析制度创新在创新驱动，实现可持续发展中的作用机理、最优化目标的实现条件，辨析双轮驱动创新模式的有效性，揭示基于双轮驱动的强可持续发展是最优模式，进而在理论上将创新驱动刻画为"双轮驱动、资源节约、环境友好、效率改善、质量提高"，使其成为发展理念与发展行动的融合，发展方式和发展动力的统一，丰富其理论内涵。这是本书的理论基础和后续研究的理论依据。

2. 制度创新测度及区域差异

（1）构建制度创新综合评价模型。为全面衡量制度创新水平、检验制度创新实现方式奠定前提条件，本书在现有研究的基础上，借鉴ICRG 指数模型法，从"放管服"改革、民营经济、要素流动、对外开放四个维度构建包含 18 个指标的测度指标体系。描述各省制度创新现实条件，刻画动态演变轨迹。

（2）引入纵横向拉开档次评价方法，客观评价制度创新水平。本书采用基于整体差异的纵横向拉开档次评价方法测度制度创新水平，该评价方法使赋权的信息直接来源于被评价对象的各项原始数据，根据各指标所提供的信息量大小来决定相应的权重，最大限度地体现了各评价对象之间的整体差异。该方法属于完全客观评价，避免了评价人的主观偏好对评价结果的影响，评价过程"透明"，评价意义直观，各评价对象及各时期之间都具有可比性，尤其适用于面板数据，满足了制度创新评价客观性、多样性、复杂性、动态性的要求。

（3）揭示制度创新区域差异及其成因。将泰尔指数（Theil Index）、Dagum 基尼系数引入区域比较研究，全面描述制度创新区域异质性，揭示不同地区制度创新内在规律。本书从静态、动态两个角度分析制度创新的区域差异。在静态分析中，将总体差异区分为区域间、区域内差异，分别研究两者的贡献程度；Dagum 基尼系数常被用来测算区域差异，其优点是能够将区域差异分解为区域内差异、区域间差异和超变密度来源及贡献。其中，超变密度是由于不同区域分组之间存在交叉重叠因素对总差异的影响。在动态分析中，通过观察泰尔指数和 Dagum 基尼系数的变化，分析区域差异的演变轨迹。

3. 基于全要素生产率的创新驱动测度

引入全要素生产率理论，构建创新驱动分解模型。索洛（Solow）认为，技术进步才是经济增长的最根本因素。技术进步是广义的技术进步，包括"硬"技术进步和"软"技术进步，其中前者包括采用新设备、新工艺、新材料对老产品所进行的改造；而后者包括劳动者素质的提高、资源的配置和规模效率、管理水平、环境适应能力等。就创新驱动而言，如何充分发挥制度创新、科技创新的作用，实现从依靠资源和低成本劳动力等要素投入转向创新驱动，提高资源使用效率是关键。可见，技术进步本质为生产效率的改善，所以，不论测量方式如何不同，生产效率的变化可以看作是技术进步的变化，因为在投入没有增加的情况下产出发生了增加性变化（蔡芸和杨冠琼，2010）。

全要素生产率可分为静态分析和动态分析，静态分析以研究周期内所有样本为参照物，能表征当年投入产出值的相对位置，是某一时期孤立的均衡状态，并不能反映效率变化情况。而分析发展的可持续性问题时，经济学家更关注效率的变化，因为只有生产率不断得到改善的集约型增长才是可持续的（杨万平，2011）。本书构建改进后的混合距离MEBM – Luenberger 生产率模型，将创新驱动分解为纯效率变化（LPEC）、纯技术进步（LPTP）、规模效率变化（LSEC）和技术规模变化（LTPSC），为研究制度创新的实现方式奠定基础。Luenberger 生产率指标不需要对测量角度进行选择，不需要进行等比例变动，是可加结构的测度方法，能够考察总产出的变动情况，并且为按照要素与投入分解提供了可能性。

4. 制度创新对创新驱动的影响

构建传导机制模型，检验制度创新的实现方式。创新驱动过程中，效率变动、技术进步、规模效率变动、技术规模变动等各要素通过某种媒介体相互作用形成一个有机联系的整体。在这个过程中，创新驱动的每个分解要素都可能是政策工具的影响指标，进而最终实现既定目标的传导途径与作用机理。

本书构建制度创新传导机制模型（见图1 – 1），推演创新驱动不同中介要素的作用机理，基于强可持续理论，将环境治理、清洁能源生产、产业升级纳入统一研究框架，引入面板平滑转换模型（PSTR）和夏普利值（Shapley value）分析工具，分别考察不同中介指标下，各区域制度创新对创新驱动的影响效果，实证检验制度创新的实现方式；并比较不同中介效应的传导效果的差异，科学地选择传导途径、激励方式，为制定制度创新综合解决方案提供实践依据。

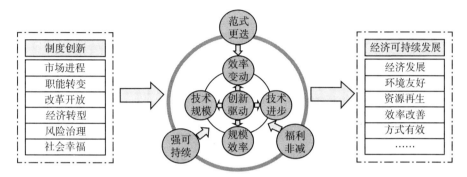

图 1 - 1　制度创新传导机制模型

1.4　研究方法和技术路线

1.4.1　研究方法

1. 历史分析法

历史分析法是运用发展、变化的观点分析客观事物和社会现象的方法。本书梳理制度创新、创新驱动、可持续发展等理论研究脉络，查阅相关文献，把历史演进过程进行总结、抽象，并用经济学的工具和方法，构建制度创新研究框架。

2. 归纳演绎法

本书多次运用到归纳法和演绎法，从各因素间的多重联系中抽象出典型化事实并加以经验分析，演绎事实规律，并把实证结果加以归纳，与中国各地区实际相结合，构建制度创新政策决策支撑体系。

3. 计量分析法

计量经济学是在一定的经济理论和统计资料的基础上，运用数学、统计学方法与计算机软件，通过建立经济计量模型定量分析研究各因素之间关系的方法。本书借助 Stata、Maxdea 等软件，在制度创新水平评价、创新驱动分解、制度创新实现方式检验等方面开展计量分析研究。

4. 系统工程分析方法

本书采用建模、决策、检验、评价、优化等系统工程的方法测度制度创新水平，厘清制度创新在创新驱动中的传导机制、中介效应，系统化地提出制度创新路径。

1.4.2 技术路线

本书运用经济学、社会学、管理学、统计学等学科的基本理论知识，定性研究与定量研究相结合，推理论证与实证研究相结合，静态研究与动态研究相结合，理论研究与政策研究相结合，按照"寻找理论依据→刻画现实条件→剖析深层原因→构建机制模型→厘清实现方式→检验政策工具→提出政策建议"这一非线性的研究范式开展研究。首先，从理论上构建内生增长研究框架，剖析制度创新的作用机理。其次，构建多维度的制度创新评价体系，刻画不同区域制度创新水平。再次，引入绿色全要素生产率理论，将创新驱动转化为现实条件下的多目标求解，构建改进后的混合距离模型 MEBM 和 EBM – Luenberger 生产率变动模型，测度不同区域的创新驱动水平。最后，构建计量经济模型，从技术进步、效率变动、规模效率、技术规模等不同维度，检验制度创新对创新驱动水平的影响效果和实现方式。在此基础上，提出推动制度创新的实现路径，为加快形成一个强可持续理论和技术支持的制度创新战略提供理论和决策支持。技术路线如图 1 – 2 所示。

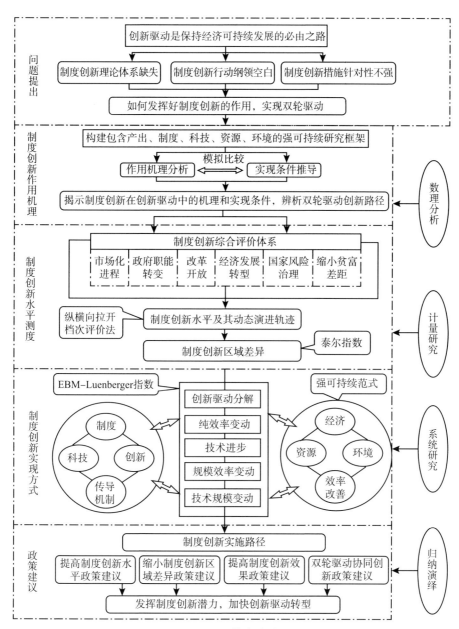

图 1-2　技术路线

1.5　拟解决的关键问题

（1）如何将强可持续理论引入制度创新研究，建立制度创新研究新范式。强可持续是研究的立足点，它要求在消耗自然资本的同时维护、扩展自然资本，本书将环境约束、资源束缚、经济发展引入制度创新内生增长模型、创新驱动分解模型，将环境质量分为环境污染和环境建设，将能源投入分为一次能源和可再生能源，按不同形式分别引入制度创新作用机理推导、比较、差异分析，以及制度创新传导机制模型，建立强可持续的研究新范式。

（2）如何基于理论与经验研究，科学全面、立体式刻画制度创新水平、区域差异及其动态演进轨迹。本书基于现有理论，借鉴 ICRG 指数，从市场化进程、政府职能身份转换、改革开放水平、经济发展方式转型、经济社会风险治理能力、缩小贫困差距等 6 个方面构建包括 18 个指标的评价指标，描述各省制度创新现实条件，刻画动态演变轨迹。引入泰尔指数勾勒不同区域制度创新差异，为厘清制度创新实现方式，选择发展路径提供依据。

（3）如何基于制度创新传导、中介机制的深度理论与经验解析，制定制度创新实施路径和综合解决方案。制度创新是创新驱动的源动力，如何推动制度创新，实现双轮驱动，保持经济可持续发展，是本书的出发点和落脚点。本书利用全要素生产率模型，构建 EBM - Luenberger 指数，将创新驱动转换为强可持续范式下的多目标规划求解；构建制度创新传导、中介机制模型，检验制度创新的不同作用效果，厘清制度创新实现方式，为实施制度创新提供理论和实证依据，在此基础上，系统化地提出制度创新综合解决方案。

1.6　本书的创新之处

（1）将制度创新置于强可持续理论视角下进行聚焦审视，构建制度创新研究新范式和理论新框架。一是基于强可持续理论的环境总量非减性发展诉求，将环境污染和环境治理部门纳入制度创新内生增长研究框架；将环境污染和环境建设同时纳入多目标规划求解框架、创新驱动 EBM – Luenberger 分解模型，打通环境双向演进通道，展示主观、客观双向作用机理。二是基于强可持续理论的资源总量非减性发展诉求，将能源消耗部门和能源再生部门纳入制度创新内生增长研究框架；将一次能源、可再生能源纳入基于全要素生产率的创新驱动研究全过程，体现"资源投入—制度创新—效率改善"的内在实现方式，引导全社会加快转变能源消费结构和方式。三是以区域差异现实条件为主线，将区域社会禀赋、管理能力等异质性要素纳入制度创新研究全过程，深入剖析制度创新的空间异质性，提出有针对性、差异化、递进式制度创新综合解决方案，不仅拓展制度创新的研究空间，丰富研究内容，而且克服了以单一同质化整体分析作为价值判断依据的弊端，有利于全面、客观地认识制度创新的区域性特征。

（2）构建 EBM 混合距离模型和 EBM – Luenberger 指数，弥补了创新驱动分解计算方法的不足。本书构建创新驱动分解模型，将环境污染与经济产出同时引入生产过程，较合理地拟合了环境因素在生产过程中的制约作用，并使得捕捉环境规制的真实经济效应成为可能。为了弥补径向的和非径向的全要素生产率计算方法的不足，构建 EBM（epsilon-based-measure）混合距离模型，吸收非径向和径向方法的优点，既解决了松弛变量的设置问题，又避免了效率前沿投影值的原始比例失真的现象，弥补了效率计算的不足；构建 EBM – Luenberger 指数，克服了评价单元集间存在异质性的问题，不需要对测量角度进行选择，不需要进行等比例变动，更加适用于强可持续的生产效率的测度。

（3）基于强可持续发展理论构建生态环境综合测度体系。传统的可持续发展理论认为只要经济发展能抵消环境和社会损失，就是可持续的；而强可持续发展理论强调资源、环境等关键自然资本的非减化，即在经济发展的同时，资源和环境的各自福利也不能下降，否则，即使经济实现增长，也不是可持续的。强可持续发展理论认为自然资本是基本不能和其他形式的资本相互替代的资本，因而是不可替代的范式。"强可持续"于 2012 年 6 月在巴西里约热内卢召开的联合国"里约 + 20"全球可持续发展大会上被正式确认为新的绿色经济范式，它具有对传统的褐色经济进行范式更替的革命意义。本书基于不断提高环境的吸收（自净）能力能够保证环境总福利非减性的认识，从生态损害和生态建设两个维度考察生态环境，体现了人类通过改造自然而主动影响生态质量的努力效果，打通生态文明双向演进通道，展示生态文明的主观、客观双向作用机理，避免生态评价的失衡和扭曲。

第 2 章

文 献 综 述

制度创新按照性质可分为正式制度创新和非正式制度创新。正式制度是指人们有意识创造的一系列政策制度的总和，包括政治制度、经济制度以及由此形成的等级结构。非正式制度是指人们在长期的交往中无意识形成的、具有持久的生命力的、并构成代代相传的那一部分文化，一般包括价值观念、伦理道德、风俗习惯、意识形态等因素。按照对象可分为宏观制度创新和微观制度创新，前者主要为国家、社会层面的体制机制创新，创新主体为政府（冯之浚，2015）；而后者主要是指企业内部的销售、生产、管理等制度安排，创新主体为企业或其他经济组织（Fuentelsaz, González, Maicas, 2018；Taebi, Correljé, Cuppen et al.,2014）。

2.1 制度水平评价及测度

用以表征、衡量制度水平的方法主要可归纳为两种：一种是单维度指标；另一种是多维度指标。单维度指标是从一个角度、层次去判断、说明、评价制度水平现状，康继军（2007）、李富强（2008）使用工业增加值中非国有工业增加值比重作为中国产权制度的度量指标；殷华和高维和（2017）分别采用 GDP、投资、进口和出口四个经济指标衡量上海自贸区不同的制度创新。迪维斯克拉和阮（Divisekera and Nguyen，2018）在研究澳大利亚旅游行业时采用外资所有权作为制度变量。本·约瑟夫、布巴克尔和奥马甲（Ben Youssef，Boubaker and Omri，2018）在研究制度质量对可持续发展影响时，将企业家精神作为微观制度变量。单维度指标的优点是去繁存简，使制度水平测度变得更加简单明了，但这种方法容易造成"盲人摸象"现象，导致对制度水平的认识片面化。制度是经济系统中的潜在因素，多维度的综合评价提供了一个更好的解决方案（Kukk，Moors and Hekkert，2016）。多维度评价是对多属性体系结构描述的制度创新做出全局性、整体性的评价，其从多个角度衡量制度创新的相应价值，并将这些价值以一个综合数据来定量描述。国外研究中，美国政治风险服务机构 PRS 集团（Political Risk Services Group）定期发布的《世界各国风险指南》（International Country Risk Guide，ICRG）中常被用以表征各国制度现状，各国风险指数由政治风险、金融风险、经济风险 3 个维度、22 个指标构成，由于其权威性高，应用较为广泛（Bekhet and Latif，2018；Chen，Liao，Tang et al.，2016；Rogers，Brown，de Haan et al.，2015）。也有学者基于不同认识构建了不同的制度评价体系（Barasa，Knoben，Vermeulen et al.，2017；Randrianarisoa，Bolduc，Choo et al.，2015；Rasiah，Shahrivar and Yap，2016）。卢中原和胡鞍钢（1993）在国内最早提出从市场维度衡量制度水平的思路。樊纲、王小鲁和张立文（2001）丰富了市场化制度水平的内涵，编制了各省市场化指数，市场化指数包括"政府与市场的关系""非国有经济的发展""产品市场的发育程度""要素市场发育程度""市场中介的发育和法律制度环境"等 5 个维度、18 个指标，是多维度测度制度水平的典型代表，被广泛应用（蔡乌赶，2012；刘英基，2015；魏玮和安秀玹，2016）。由于该指数多为市场要素及其影响变量，缺乏反映中国改革开放、经济转型的指标，于是不少学者在樊纲、王小鲁市场化指数的基础上又综合了其他要素形成了新的多维度评价体系。孙宁华和曾磊（2013）从非国有化率、市场化程度、财政收入比重、经济开放程度 4 个维度构建评价指标，依据它们各自的关联度建立了一个具有代表性和综合性的制度变量；张红丽和胡成林（2014）采用市场化指数、对外开放程度度量制度水平；谢朝华和刘衡沙（2014）将对外开放、产权制度改革与市场化改革融为一体；刘英基（2015）在市场化进程的基础上又增加了产权制度创新、技术产业税收制度创新、国际贸易制度创新、开放制度创新。也有学者认为制度是典型的公共产品，政府作为最主要的制度供给主体，相对于其他行为主体（个人和组织）在制度变迁中的作用无法替代，因此他们更加强调政府在制度创新中的作用（崔总合和杨梅，2012；江若尘和陆煊，2014；王海兵和杨蕙馨，2016；辛宇、徐莉萍和李新春，2014）。

2.2 制度创新影响机制

1. 影响路径

制度变迁可以先于创新活动，这不是直接引发制度创新，而是为了制度创新的需要（Kukk，2016）。制度创新的影响路径可归纳为两条：一条是诱导性制度变迁；另一条是强制性制度变迁（张来武，2013）。诱导性变迁的影响由下而上，是由局部到整体的逐渐推进的过程：改革主体最先开始制度创新，其他准改革主体仿效，使创新成为一种趋势。强制性制度变迁则由政府命令和法律引入并实现，其优势在于能以最快的速度推进制度变迁，能以自己的强制力和暴力潜能等优势降低制度变迁的成本。

2. 影响方式

制度创新的影响方式可归纳为激励机制、约束机制和文化培育机

制。制度创新决定了技术创新主体的动力来源，制度创新通过改变技术
创新的报酬体系，调整收益分配，从而为技术创新活动提供激励机制，
激发经济主体的创造性与积极性，促进新知识的不断创新和社会资源的
合理配置，推动经济长期持续健康发展（赵静，2015；Chau，2018）。
制度创新的约束机制体现在制度规定有关的技术规范、框架，界定了人
们选择技术创新资源的范围，减少技术创新的不确定性。制度创新的文
化培育机制体现在敦促形成尊重创新、敢于创新的社会氛围（Schut，
2016），推动思维方式的变革和价值观念的更新以及社会经济生活的调
整，这些变化影响消费者偏好和消费观念从而影响技术创新的方向和速
度（de Leeuw，2016）。

3. 研究方法

制度创新影响机制的研究方法如下所示。

（1）内容分析模型。该方法首先对收集的各政策文件进行政策文
本编码，对政策文件进行政策分类统计分析、政策工具统计分析以及政
策分类与政策工具二维统计分析，进而识别政策工具。刘云（2017）
基于政策工具的视角，研究我国"十二五"国家创新体系国际化相关
政策。刘云（2014）将创新制度细分为规划纲要类政策、决定及意见
类政策、科技计划类政策，采用内容分析法，从中国国家创新体系国际
化政策的演进特征角度去分析。达尼卢克（Daniluk，2017）采用内容
分析法，对波兰381家公司商业制度进行了分析。

（2）博弈模型。该方法基于重复博弈论和进化博弈论方法，研究
制度系统内部结构及其各种组合要素所具有的激励效果和相互依存关
系。周小亮（2017）构建动态演化博弈模型，对技术创新和制度创新
的动态演化博弈过程进行分析，分析长期演化的均衡条件。

（3）结构方程模型。该方法是基于变量的协方差矩阵，构建结构
方程分析制度创新与其他变量之间关系。王晟（2010）在研究上海和
浙江民营制造企业时，采用结构方程模型研究技术创新制度影响企业技
术创新行为。

（4）一般均衡模型。该方法将制度因素纳入经济增长和经济波动的理论框架中，在对制度变量进行量化的基础上，建立含有制度冲击的经济周期模型，并通过模拟经济数据与实际经济数据的对比来检验模型的准确性和稳健性。孙宁华（2013）在动态随机一般均衡理论基础之上建立含有制度因素的 RBC 模型。

（5）空间计量模型。该方法将空间因素引入制度检验模型，李婉红（2015）构建了地理加权回归模型（GWR），分析了排污费制度和绿色技术创新的空间自相关性。

（6）耦合模型。耦合理论认为成功的创新是科学、技术与市场之间的耦合过程，该方法重在揭示企业内部创新耦合效应的生成机理。邱国栋（2013）在分析中国吉利与韩国现代的创新中，引入了耦合模型，发现技术创新系统与制度创新系统存在"双向嵌入"的关系。

（7）扎根模型。扎根理论是一种定性研究，研究者直接从实际观察入手，从原始资料中归纳出经验概括，然后上升到系统的理论。他在系统性收集资料的基础上寻找反映事物现象本质的核心概念，再通过这些概念之间的联系建构相关的社会理论。张新香（2015）开展多案例扎根分析，挖掘研究中外软件企业商业模式创新驱动技术创新的内在机理和实现途径。冉爱晶（2017）采用扎根分析方法剖析了我国中小企业组织创新氛围的特点。

（8）协同演化模型。该方法基于协同理论，运用系统演化理论分析框架研究制度创新与技术创新及其他系统的协同演化过程。周小亮（2015）研究了从要素驱动、投资驱动转向创新驱动过程中中国经济增长的动力转换特征、条件、机理、路径，张红丽（2014）通过构建系统协同演化模型，对 2008～2012 年我国国有高新技术企业统计数据进行实证研究。

（9）回归检验模型。该方法利用一般回归模型检验制度创新的效果。郑春美（2015）采用该方法检验了高新技术企业制度创新驱动发展水平具有显著正向影响；陈（Chen，2018）在研究制度压力是否促进了绿色创新时同样采用该方法。

2.3 全要素生产率

2.3.1 全要素生产效率理论

"效率"是经济学中比较广泛使用的概念，通常指不浪费或者现有资源用得最好，主要是指帕累托效率（pareto efficiency）[①]。效率概念包含两部分：技术效率和配置效率（Farrell，1957），前者指现有资源最优化利用的能力，即在给定各种投入要素的条件下实现最大产出，或者给定产出水平下投入最小化的能力（Grifell – Tatjé and Lovell，1995）；后者则要求在一定的要素价格条件下实现投入（产出）最优组合的能力。

生产过程中的投入要素生产要素包括多种，如劳动力、原材料、资本、燃料等能源要素，根据计算生产效率时考虑的投入要素的多少，生产率可以分为单要素生产率测算和全要素生产率测算。

单要素生产率是指在生产率的计算过程中仅考虑单个要素投入，即产出是基于一个投入要素的结果。单要素生产率可以反映每种投入要素（劳动力、资本等）所能带来的产出结果，我们可根据不同要素的产出结果研究单位产出对各种要素的需求程度。单要素生产率易于理解和测算，但是无法全面、客观刻画现实生产：由于产出是多种因素共同作用的结果，仅靠单要素生产率无法全面描述多种要素投入的情况，而导致测算结果被扭曲。

全要素生产率（total factor productivity，TFP）相对于单要素生产率而言，是广义的生产率，其差别在于考虑多种要素的投入。全要素生产

[①] 帕累托对效率的定义：对于某种经济资源的配置，若不存在其他生产上可行的配置，使得该经济中所有个人至少和他们在最初时情况一样好，且至少有一个人的情况比初始时严格更好，则此资源配置就是最优的。

率要求将所有要素纳入研究范围，但是只是一个"美好的愿望"：由于测算过程无法涵盖所有投入的全部生产要素，因此通过将产出与所投入的生产要素进行比较所得到的只能是若干生产要素的生产率，但其多要素生产率已经较为全面地反映了生产过程中各种投入要素共同作用的结果。全要素生产率在一定程度上克服了单要素生产率容易导致误解的缺点。

2.3.2 全要素生产率的测定方法

生产率的测度方法可以归纳为三种方法：参数方法、半参数方法和非参数方法。参数方法的优点是能够在测算生产率的过程中，考察不同因素对效率的影响，从而消除了以往生产率收敛研究的两阶段假设矛盾，为探讨生产率在收敛中的作用提供了有效的分析框架。但是其也存在以下不足：第一，需要设定研究对象的生产函数具体模型，并需要对模型中的随机误差项预先设定某些假定前提，而在不同的前提下，参数方法计算结果则大不相同。第二，参数方法在测量关键要素投入的产出弹性时，主要有两种方法：第一种产出弹性的计量法是通过计量模型，此时计算的要素投入产出弹性是所有样本的均值，无法反映个体差异或时间序列的变动轨迹，此外，由于影响生产效率的变量设置数目不同，对于估计模型的要求也不同；第二种产出弹性的计量方法是通过国民账户中的要素收入份额获得，其关键是假定所有生产者都能实现最优的生产效率，从而将产出增长中要素投入贡献以外的部分全部归结为技术进步（technological progress）的结果，然而这种理论假设不完全符合现实，因为现实经济中大部分生产者不能达到投入—产出关系的技术边界，特别是与处于经济转型期的中国发展实际有较大的出入。第三，由于中国不同省际区域对发展空间存在依赖性，用参数方法得到的结果可能是有偏的，由于参数方法在以上方面存在缺陷，因而其在生产效率的测算过程中一致存在不同程度的质疑。

半参数模型是介于参数模型与非参数模型之间的一种适应面较广的模型，半参数模型同时包含参数和非参数分量，参数分量可用于描述关键的确定性影响因素与因变量之间的关系，非参数分量用于分析非关键因素的影响，从而可以保证模型对于社会经济现象的描述更接近实际，在提高模型解释能力的同时解决模型误差较大的问题（章上峰，2011）。半参数方法也解决了生产决策的同时性（simul-taneity）问题（鲁晓东和连玉君，2012），即由于生产效率有一部分在当期是可以被观测到的，依据最大化生产原则，企业决策者根据这些信息即时调整生产要素的投入组合，因此在这种情况下，如果误差项代表生产效率的话，那么其中一部分（被观测部分）会影响要素投入的选择，即残差项和回归项是相关的。但是半参数模型具有无法解决参数方法的缺点，仍然需要对刻画产生的生产函数与误差项设定前提假设，半参数分量一般来说是未知的，不易控制和掌握的，从而影响实际测算问题的精度；为使模型更接近现实生活，半参数方法过分强调模型和估计方法对现实产出的模拟精确度，导致了模型参数不断增加，估计方法计算烦琐、复杂，并且该方法存在将产出弹性视作生产要素投入量的线性组合等明显不合理的问题。

非参数方法具有适应面广、可靠性强的特点，对模型的限制很少，特别适用于变量关系不确定的情况。与参数方法相比，非参数方法无须对生产函数的形式进行先验设定，同时可以避免空间相关性带来的测量误差，尤其是由于可以用于进行更多投入多产出的生产率核算，非参数方法的适用范围更广阔（董敏杰和梁泳梅，2013）。费特希（Fethi，2010）在分析了近200篇有关银行生产率的文献后发现，这些文献几乎都使用了基于非参数的测度方法。数据包络分析法（data envelopment analysis，DEA）是一种非参数方法，相比较其他方法，DEA方法具有突出的优点：第一，DEA方法无须知道生产函数的具体形式，可直接处理多投入和多产出情况；第二，DEA采用最优化方法内生确定了各种投入要素的权重，排除了很多主观因素，特别适合复杂经济体的效率评价。因此，本书采用DEA方法来测度全要素生产率。

2.3.3 全要素生产率的静态和动态研究

静态的生产率表示在某一时间内，每项生产要素能够带来的产出数量，而动态的生产率反映在一段时间内，每个生产单位投入一定生产要素产出能力的提高水平即生产率的增长情况。全要素生产率的动态理论与静态理论在研究本质上是一致的，都是为了分析被研究对象使用最小的投入获得最大产出的能力，相比较而言，经济学家更关注全动态要素生产率，因为其源自索洛（Solow，1957）提出的生产函数理念，研究的是是否存在技术进步的问题，反映了经济活动的改善情况。罗尔夫·法尔（Rolf Fare，1994）采用 Shephard 距离函数计算全要素生产效率的静态时间值，并建立了 Malmquist 指数，将全要素生产率的变动分解为技术进步和技术效率变动的乘积，才将全要素生产率的动态研究体系与静态效率的研究体系汇集到一点上。

基于传统谢波德距离函数（shephard distance function）的 Malmquist（M）生产率指数虽然不需要价格信息，但是却无法考虑非合意产出，也就是坏产出的情况（如二氧化硫、二氧化碳等伴随生产而出现的污染排放情况），并且存在基于投入和基于产出的径向选择问题，所以 Malmquist（M）指数难于分析含有非合意产出的全要素生产效率的变动情况。钟等（Chung et al.，1997）在研究瑞典纸厂的全要素生产率时，引入了一种新的距离函数—方向性距离函数（directional distance function），并提出了 Malmquist – Luernberger（ML）生产率指数。Malmquist – Luernberger（ML）生产率指数可以测度存在坏产出时的全要素生产率，而方向性距离函数与传统的谢波德距离函数相比，可以把污染物作为对环境的负产出纳入效率的分析框架中，可以同时考虑合意产出的提高和非合意产出的减少。ML 指数是基于比值的测算方法，该方法适用于考察总产出的变化情况，但对于利润的差值变量，则难以反映其变化情况。钱伯斯（Chambers，2002）又提出了一种基于差值的全要素生产率指数卢恩伯格生产率指数（Luernberger）。

由于传统的数据包络分析（data envelopment analysis，DEA）具有不需要假设函数形式、就可以对生产率进行分解等优点，许多文献基本上都运用了径向的（radial）、角度的（oriented）DEA 来计算方向性距离函数。当存在投入过度或产出不足，即存在投入或产出的非零松弛

（slack）时，径向的 DEA 效率测度会高估评价对象的效率；而角度的 DEA 效率测度由于忽视了投入或产出的某一个方面，计算的效率结果并不准确。为了克服这两个缺陷，托恩（Tone，2001）非径向、非角度的基于松弛的（slack-based measure，SBM）效率测度的基础上发展出了更加一般化的非径向、非角度的方向性距离函数。

2.3.4 全要素生产率对环境污染的处理

1. 将环境污染当作投入变量纳入 DEA 研究框架

将环境污染作为投入变量的基本思路的基本原理认为企业或其他经济组织通过对自然环境的消耗可以在其他投入要素不变的情况下增加产出，但是超过环境自然吸收的污染会降低环境质量，从而带来负的外部性。污染排放对于经济增长的作用有两方面：一是环境可以发挥其作为社会资本的作用，对增长的影响为正；二是环境资本过于损耗而导致总的社会资本下降，这时的影响则是负面的（Hailu，2001；陈诗一，2009）。蒋伟（2015）对 2002~2012 年中国各省区市全要素生产率的研究同样是选用废水中的化学需氧量和二氧化硫作为污染投入指标。徐杰芳（2016）在研究煤炭资源型城市的生态效率时，将环境污染指标作为 DEA 模型中的投入指标。将污染作为投入变量，力求尽可能地在减少非期望产出的情况下不影响期望产出的增加，但是没有考虑实际的生产过程或者违背了实际生产过程，无法反映生产过程的实质（李平，2017）。

2. 将环境污染做数据变化处理

将非期望产出进行数据处理，以满足不同约束条件对"坏"产出的要求，这种处理方法最早由劳伦斯、塞福德和朱（Lawrence，Seiford and Zhu，2002）提出。后来通过转换向量使所有负的非期望产出变成正值（樊华，2012），但该方法只能在规模报酬可变条件下求解。曾贤刚（2011）在 2000~2008 年中国环境效率的研究中，利用线性数据转换函数将环境污染物进行转化，然后将其作为"好"产出放入 DEA 模型中。董锋（2012）将熵值法应用于"工业六废"指标，计算出环境损害指数，并取倒数作为"坏"产出。

3. 环境污染作为弱可处置性变量与经济产出同时引入生产过程

当前的主流做法是将环境污染作为弱可处置性变量与经济产出同时引入生产模型，主要有径向、非径向和混合距离模型。径向模型以方向性距离函数（DDF）为代表（Chung，1997），非径向模型以 SBM 模型为代表。托恩（Tone，2010）认为径向模型未考虑投入或产出的松弛变量，而非径向模型又忽略了效率前沿投影值的原始比例信息，于是他构建了混合距离模型（EBM）加以解决。程（Cheng，2014）进一步界定了 EBM 模型中混合距离参数的取值范围，优化了关联指数计算方法。

2.4　可拓展的研究空间

（1）强可持续发展理论在制度创新研究中尚未得到充分体现。实施创新驱动的目的是转变经济发展方式，保持经济、社会的健康、可持续发展。制度创新在推动创新驱动的过程中，也无法回避资源束缚、环境恶化这样的现实条件。2012 年 6 月在联合国"里约 + 20"全球可持续发展大会上，强可持续被正式确认为新的发展范式，要求人类经济社会发展必须尊重地球边界和自然极限，实现关键自然资本的非减性发展。强可持续理论认为自然资本是基本不能和其他形式的资本相互替代的，因而是不可替代的生产范式，从现有文献可以看出，强可持续发展理论尚未得到充分体现。

（2）制度创新区域差异的研究文献较少。国家从优化国民经济空间结构、提升空间效率的目标出发，提出形成优势互补高质量发展区域经济布局的战略目标。推进区域性的制度创新是构建各具特色和功能各异的区域经济体系的重要内容，是改变单一的区域考核体系和激励机制的重要手段，对于发挥不同区域的比较优势具有重要意义。

（3）制度创新的实现方式、发展机制研究有待进一步完善。现有制度创新的机制研究多为影响机制研究，且是系统外部研究，缺乏从内部研究其实现方式、发展机制，系统性也有待提高。制度创新是推进科技创新、创新驱动的根本动力和源泉，决定着创新驱动的性质和发展方向，但制度创新如何影响科技创新、如何作用于创新驱动等根本性问题仍然是"黑箱"，仍无法洞察创新驱动过程中"制度创新—科技创新—创新驱动""经济发展—环境恶化—资源束缚"之间相互联系、相互作用、相互制约的动态关系及机能，无法揭示制度创新的脉络，弱化了制度创新的政策工具和规划手段。

第 3 章

制度创新对创新驱动作用
机制的理论分析

本章利用新古典增长模型、人力资本内生增长模型、技术进步内生增长模型，分别构建不考虑效率改善的分析框架、基于人力资本的效率改善分析框架、基于人力资本和技术进步的效率改善分析框架，同时将强可持续发展理念引入分析框架，从资源、环境总福利的非减性出发，将资源区分为不可再生资源和可再生资源，将环境区分为环境污染和环境自净能力。

3.1 研究方法

本书构建一个包括 7 个部门的经济体：最终产品部门（D_Y）、中间产品部门（D_{YR}）、技术研发部门（$D_{R\&D}$）、制度开发部门（D_{IN}）、物质积累部门（D_K）、资源开发部门（D_R）和环境治理部门（D_E）。为了便于分析，本书假设人力资本和人口保持不变，将经济体中人口数量标准化为 1，这样一来，经济体中所有的累计加总变量可以理解为人均数量。本书假设人力资本为外生变量，总量保持不变，其分配到每个部门的人力资本也保持不变。技术研发部门的技术创新可分为 T_Y、$T_{R\&D}$、

T_{IN}分别用于生产最终产品、技术研发和制度开发，公式如下：

$$T_Y + T_{R\&D} + T_{IN} = T \qquad (3-1)$$

将等式两边同时除以 T，令 $\mu_1 = \dfrac{T_Y}{T}$，$\mu_2 = \dfrac{T_{R\&D}}{T}$，$\mu_3 = \dfrac{T_{IN}}{T}$，则式（3-1）可写为：

$$\mu_1 + \mu_2 + \mu_3 = 1 \qquad (3-2)$$

制度创新部门将投入的技术创新 $H_{R\&D}$ 与现有制度水平 M 结合，开发出中间产品所需要的组织生产管理制度和流程、员工能力提升方案等 $\dot{M}$，将其转让给中间产品的生产厂商，在中间产品部门（D_{YR}）存在多个生产厂商，第 i 个厂商购买 $\dot{M}$ 后再利用购买的物质资本 K 可以生产出中间产品 X_i，并将其销售给最终产品部门（D_Y）。D_Y 中同样有多个最终生产厂商，企业购买 X_i 的厂商采用技术 H_Y，并将资源 R 和环境质量 E 共同投入生产过程，其产量可表示为 Y。

3.1.1 生产技术

（1）中间产品部门（D_{YR}）。在 D_{YR} 中有 N 个数量的中间产品，每个中间产品又是不同的，每个厂商只生产一种最终产品。罗默（Romer）认为技术是非排他性，而制度具有排他性，所以制度开发部门开发出中间产品生产、管理所需要的制度，D_{YR} 部门必将有一个生产厂商前去购买该项生产技术，并独家生产该项中间产品。为了使模型简单易懂，借鉴巴罗和萨拉伊·马琛（Barro and Salai – Mation，2004）的研究，假设生产一个中间产品需要耗费 1 个单位的物质资本 K，即 $X_i = K_i$，其为连续函数，为计算方便，暂不考虑折旧，故经济系统中的物质资本存量为：

$$K = \int_0^N X_i di = NX \qquad (3-3)$$

（2）最终产品部门（D_Y）。本书研究的是可持续发展问题，所以将环境与资源投入同时引入生产函数。假设生产函数为 Cobb – Douglas 生产模型，则最终产品部门的产出 Y 取决于中间产品投入 X，劳动投入

L，技术投入 T_Y，资源投入 R，以及环境质量 E。由于本书假设人力资本为外生变量，L = 1，生产函数可写为：

$$Y = A_1 T_Y^{\alpha_1} X^{\alpha_2} R^{\alpha_3} E^{\alpha_4}, \quad \alpha_1 + \alpha_2 + \alpha_3 = 1, \quad \alpha_4 < 0 \qquad (3-4)$$

其中，A_1 为生产最终产品的生产力参数，是给定的，$A_1 > 0$。$\alpha_4 < 0$ 说明环境质量对于总产出具有消减作用，体现了环境与产出的内在动态变动关系。对应中间产品投入 X，其为连续函数，借鉴 Grossman 模型，定义为：

$$X = \left[\int_0^N X_i^{\delta} di \right]^{\frac{1}{\delta}} \qquad (3-5)$$

其中，N 是中间产品类别数量，X_i 为第 i 个中间产品的投入数量，δ 表示中间产品之间的替代效应参数。

（3）技术研发部门（$D_{R\&D}$）。根据上述描述，可定义 D_{HR} 的生产函数为：

$$\dot{T} = A_2 T_{R\&D} \qquad (3-6)$$

其中，$\dot{T}$ 表示技术研发部门的产出，即技术创新成果增量，A_2 为技术研发部门的生产力参数，$A_2 > 0$，$T_{R\&D}$ 为技术创新存量，也是技术创新分配在研发部门的成果。

（4）制度开发部门（D_{IN}）。

$$\dot{M} = A_3 T_{IN}^{\beta_1} M^{\beta_2}, \quad A_3 > 0, \quad 0 < \beta_1 < 1, \quad 0 \leq \beta_2 < 1 \qquad (3-7)$$

其中，$\dot{M}$ 表示为制度开发部门的产出，其产出为能够提高中间产品生产效率的综合性措施，包括组织、生产、服务的管理体制，商业模式等在内的各种制度创新要素，A_3 表示制度开发部门的生产力参数，是既定的。M 是原有制度水平，由于中间产品 X_i 在区间 [0，N] 上是连续的，而非离散的变动，所以 M 也等于用于最终品生产的中间产品种类总数 N。β_1 和 β_2 分别表示制度创新速度参数和创新外部性参数。当 $\beta_1 > 0$ 时表示研发过程中随着 T_{IN} 的增加，创新速度将随之加快；$\beta_1 < 1$ 时表示由于制度的专有性，制度实施的结果还受其他因素的影响，制度开发过程中可能存在边际效应递减现象。$\beta_2 > 0$ 表示制度积累对制度创新具有促进作用，$\beta_2 < 1$ 表示随着管理的日臻完善，制度创新空间在缩小，创新产出亦变得更加困难。

（5）物质积累部门（D_K）。物质资本分为用于物质资本积累、消费和环境治理，在不考虑资本折旧条件下，物质资本积累运动方程为：

$$\dot{K} = Y - C - K_E \qquad (3-8)$$

其中，$\dot{K}$ 表示物质资本的积累，即物质资本的增量，Y 为总产出，C 表示用于消费的物质资本，K_E 表示用于环境治理的物质资本投入。为了使模型简单易懂，本书定义物质资本积累存量 K 与用于环境治理的物质资本存在某种线性关系，可描述为：

$$K_E = \theta K, \ 0 < \theta < 1 \qquad (3-9)$$

其中，θ 表示物质资本积累存量 K 中用于环境治理的份额，将式（3-9）代入式（3-8）可得：

$$\dot{K} = Y - C - \theta K \qquad (3-10)$$

（6）资源开发部门（D_R）。本书将强可持续发展理论引入内生增长模型，将资源区分为不可再生资源和可再生资源，通过大力发展可再生资源能够保证经济发展的同时资源总福利不下降。此外，创新同样也可以在以下方面对资源开发产生积极影响：一是通过提高勘探技术和开采技术，扩大不可再生资源的生产量；二是引入新技术、新工艺，降低不可再生资源的消耗；三是通过创新，将以不可再生资源为投入的生产替代为以可再生资源为投入的生产，降低不可再生资源的消耗比例。本书用 I 表示资源存量，则：

$$\dot{I} = \pi I - R, \ \pi > 0 \qquad (3-11)$$

其中，$\dot{I}$ 表示资源的增量，π 为总资源增长速度，R 表示用于生产所消耗的资源。

（7）环境治理部门（D_E）。按照强可持续理论，如果要实现环境总福利非减性发展，一方面通过技术改造、节能减排、清洁生产和低碳消费来降低环境污染，另一方面通过加大环境治理投入，提高环境的自我净化能力（如植树造林、增加绿地面积等），从而提高环境质量。环境治理运动方程可表示为：

$$\dot{E} = A_4 \theta^{\gamma_1} T^{\gamma_2} K^{\gamma_3} Y + \phi E = ZY + \phi E, \ Z = A_4 \theta^{\gamma_1} T^{\gamma_2} K^{\gamma_3} \qquad (3-12)$$

其中，$\dot{E}$ 表示环境质量的变动，即环境质量的增量，ZY 表示环境污染水平，ϕE 表示环境净化水平，$\phi > 0$。A_4 表示环境对生产的影响程度，$A_4 < 0$，说明生产与环境呈反向作用关系，生产越多环境污染越多，环境水平越低。θ 表示物质资本积累存量 K 中用于环境治理的比例，X 是环境治理水平，体现技术和制度创新水平。γ_1，γ_2，γ_3 分别为要素的替代效应参数，γ_1，γ_2，$\gamma_3 \in (-1, 0)$，$-(\gamma_1 + \gamma_2 + \gamma_3) = 1$，$\theta^{\gamma_1} K^{\gamma_3}$ 表示环境治理投资对环境质量改善的促进作用，$\theta^{\gamma_1} T^{\gamma_2} K^{\gamma_3}$ 表示创新通过提高环境治理效率，改善环境质量，$A_4 \theta^{\gamma_1} T^{\gamma_2} K^{\gamma_3}$ 表示环境质量与总产出负相关，与环境治理投入正相关，与环境治理水平正相关。

综合以上分析，扩大资源投入 R 可以增加总产出 Y，而总产出 Y 带来环境污染，降低环境质量 E；环境治理投入 θK 和环境自净能力 ϕE 可以降低污染、改善环境 E；创新能力 T 和 M 则可以加快经济发展、减少资源消耗、改善环境质量水平。于是，产出 Y、资源投入 R、环境治理投入 θK、创新能力 T 和 M 组成了一个经济系统的有机整体，完成了创新的内生过程，并形成了动态变化关系。

3.1.2   效用函数

1987 年联合国环境与发展委员会在《我们共同的未来》中首次明确了可持续发展的定义：既满足当代人的需求又不危及后代人需求的发展。按照迪金（Deakin，2014）和盖加利斯（Gaigalis，2014）的研究，经济可持续发展需要同时满足以下三个条件。条件一：要保持总产出可持续增长，即 $g_\gamma > 0$；条件二：避免资源枯竭，资源消耗的增长速度不高于资源存量的增长速度，即 $g_I \geqslant g_R$；条件三：保持非恶化的生态环境，即 $g_E \geqslant 0$。本书将可持续发展引入效用函数，建立包括消费、资源投入、环境在内，可加的固定弹性效用函数为：

$$U = U(C, I, E) = \frac{C^{1-\sigma_1} - 1}{1 - \sigma_1} + \frac{I^{1-\sigma_2} - 1}{1 - \sigma_2} - \frac{(-E)^{1-\sigma_3} - 1}{1 - \sigma_3} \quad (3-13)$$

其中，C、I、E 分别表示 t 时的消费、资源存量、环境存量，σ_1，σ_2 为边际效用替代弹性，σ_3 为环境偏好参数，反映对环境质量的要求，σ_1，

σ_2，σ_3 > 0。假定存在一个理性的社会计划者，其最优规划目标是使当期一代人与今后几代人的社会效用现值最大化，也就是跨期效用最大化，这样就可以构建一个连续时间条件下，同时考虑消费、资本、资源投入和环境的动态发展模型，将理性社会计划者的目标转为动态最优化的求解。令 ρ 为跨期效用的贴现率，在无限时条件下经贴现后的社会总效用函数为：

$$U = \int_0^\infty U(C, I, E)e^{-\rho t}dt \qquad (3-14)$$

当追求跨期社会效用最大化时，其为连续函数，式（3-14）可写为：

$$maxU(C, I, E) = max\int_0^\infty U(C, I, E)e^{-\rho t}dt$$

$$= max\int_0^\infty e^{-\rho t}\left(\frac{C^{1-\sigma_1}-1}{1-\sigma_1} + \frac{I^{1-\sigma_2}-1}{1-\sigma_2} - \frac{(-E)^{1-\sigma_3}-1}{1-\sigma_3}\right)dt$$

$$(3-15)$$

其中 $e^{-\rho t}$ 为折现因子，ρ 表示折现率，ρ > 0。

3.2 研究结果

3.2.1 科技创新驱动的可持续发展

科技创新模式下，经济发展的动力主要依靠科学技术创新，通过科学探索和技术攻关，形成持续创新的系统能力。科技创新模式下不考虑制度创新因素，故新技术应用在两个部门，一是用于 D_Y 部门内生产最终产品，二是用于 $D_{R\&D}$ 部门内的技术创新积累，则式（3-1）和式（3-2）变为：

$$T_Y + T_{R\&D} = T，且 \mu_1 + \mu_2 = 1$$

式（3-15）可转化为资源束缚、环境约束条件下经济系统的非线性系统动态最优化的问题：

$$\max \int_0^\infty e^{-\rho t} \left(\frac{C^{1-\sigma_1}-1}{1-\sigma_1} + \frac{I^{1-\sigma_2}-1}{1-\sigma_2} - \frac{(-E)^{1-\sigma_3}-1}{1-\sigma_3} \right) dt$$

$$\text{s. t. } Y = A_1 T_Y^{\alpha_1} (KN^{\frac{1-\delta}{\delta}})^{\alpha_2} R^{\alpha_3} E^{\alpha_4}$$

$$\dot{K} = Y - C - \theta K$$

$$\dot{I} = \pi I - R \qquad\qquad (3-16)$$

$$\dot{E} = A_4 \theta^{\gamma_1} T^{\gamma_2} K^{\gamma_3} Y + \phi E = ZY + \phi E$$

$$\dot{T} = A_2 (1 - \mu_1) T$$

建立 Hamilton 函数如下：

$$H_a = \left(\frac{C^{1-\sigma_1}-1}{1-\sigma_1} + \frac{I^{1-\sigma_2}-1}{1-\sigma_2} - \frac{(-E)^{1-\sigma_3}-1}{1-\sigma_3} \right) + \lambda_1 \left[A_1 T_Y^{\alpha_1} (KN^{\frac{1-\delta}{\delta}})^{\alpha_2} R^{\alpha_3} E^{\alpha_4} - C - \theta K \right]$$

$$+ \lambda_2 (\pi I - R) + \lambda_3 (ZY + \phi E) + \lambda_4 A_2 (T - T_Y) \qquad (3-17)$$

其中，K、I、E、T 状态变量，C、θ、R、T_Y 为控制变量，λ_1、λ_2、λ_3、λ_4 表示物质资本投入、资源投入、环境质量、人力资本的影子价格。g_Y、g_E、g_I、g_R 分别为经济产出增长率、环境质量增长率、资源存量增长率、资源消耗增长率，在资源、环境约束下，要实现可持续发展需要满足三个条件：第一，要保持总产出的增长，即 $g_Y > 0$；第二，避免资源枯竭，考虑再生资源的增长，资源存量增长速度率高于资源消耗增长速度，即 $g_I \geqslant g_R$；第三，保持非恶化的生态环境，即 $g_E \geqslant 0$。通过规划求解可得：

$$g_Y = \frac{(\alpha_1 + \alpha_4 \gamma_2)(A_2 - \rho)}{\alpha_1 \sigma_1 + \alpha_3 \dfrac{\sigma_1 - \sigma_2}{1 - \sigma_2} + \alpha_4 (\gamma_1 + \gamma_2 \sigma_1)} \qquad (3-18)$$

要实现可持续发展，需要保证 $g_Y > 0$，由于 α_1，$\alpha_3 > 0$，$\alpha_4 < 0$，$-1 < \gamma_2 < 0$，$-1 < \gamma_3 < 0$，则绿色发展实现条件为：

$$\sigma_2 < 1, \ \sigma_1 > \sigma_2 \ \text{且} \ \sigma_1 > 1 \qquad (3-19)$$

$$A_2 - \rho > 0 \Rightarrow A_2 > \rho \qquad (3-20)$$

ρ 为消费者的主观时间偏好，ρ 越大，消费者对于当期的消费意愿越强，否则，消费意愿则降低。$A_2 > \rho$ 说明要实现绿色发展，必须保持人力资本的生产技术参数高于消费者效用的时间贴现率。σ_1，σ_2 分别为效用函数 U(C, I, E) 的物质资本消费、自然资源跨期替代弹性的倒数，也被称为不变跨期替代弹性（constant intertemporal elasticity of substitution），体现总福利边际效用的影响。当 $\sigma_1 > 0$ 时，消费物质资本 C 对总福利 $U(C, I, E)$ 的损害成比例地下降，$\sigma_1 > 1$ 时，随着 σ_1 的增大，边际效用增大，总福利的下降速度更快，所以消费者将会适当地控制消费，不愿意偏离时间序列上的均匀消费，即不会过于追求当期的物质消费而降低总福利，对当期消费的降低也降低了对最终产品的需求，资源投入需求也会减少，有利于保持环境质量不下降。当 $\sigma_1 < 1$ 时，物质资本消费的增加对总福利的边际效用降低，消费者并不关心消费的时间，即会增加当期的物质消费，扩大对最终产品的需求，对资源投入的需求也随着增加，环境质量压力变大。与 σ_1 作用机理相同，$\sigma_2 > 1$ 表明，随着 σ_2 的增加，资源存量 I 的增加对于总福利 $U(C, I, E)$ 的边际效用降低具有放大效应，消费者会减少当前资源存量，增加当期资源消耗、减少未来消耗，不利于绿色发展；$\sigma_2 < 1$ 时，资源存量的增加对于总福利的影响下降，消费者将会增加当期资源存量，减少当期资源消耗、增加未来资源消耗，有利于可持续发展。

资源是产出的必要条件，要实现经济的可持续发展，必然要求资源的增长速度不低于资源消耗的速度，即 $g_I \geqslant g_R$。由附录可知 $g_Y > 0$，$g_R < 0$ 成立，由于资源消耗低于零，故可满足第二个条件。由附录可知 $g_E = [1 + \gamma_3 + \gamma_2(1 - \sigma_1)]g_Y + \gamma_2(A_2 - \rho)$，将 $-(\gamma_1 + \gamma_2 + \gamma_3) = 1$ 和式（3－18）代入则：

$$\frac{g_E}{g_Y} = [1 + \gamma_3 + \gamma_2(1 - \sigma_1)] + \frac{\gamma_2(A_2 - \rho)}{g_Y}$$

$$= \frac{\left[\gamma_2\alpha_3\dfrac{\sigma_1 - \sigma_2}{1 - \sigma_2} - \alpha_1\gamma_1\right]}{\alpha_1 + \alpha_4\gamma_2} \tag{3－21}$$

当 $g_Y > 0$ 时，$\gamma_1 < \dfrac{\gamma_2\alpha_3(\sigma_1 - \sigma_2)}{\alpha_1(1 - \sigma_2)}$ 时，可满足第三条件。

3.2.2 科技创新、制度创新双轮驱动的可持续发展

双轮驱动模式下，经济发展的动力主要依靠科学技术创新和制度创

新，技术产出用途分为三种：第一种用于 D_Y 部门内生产最终产品，第
二种用于 $D_{R\&D}$ 部门的技术积累，第三种用于 D_{IN} 部门的制度研发，式
（3 – 15）可转化为如下动态最优化求解问题：

$$\max \int_0^\infty e^{-\rho t}\left(\frac{C^{1-\sigma_1}-1}{1-\sigma_1}+\frac{I^{1-\sigma_2}-1}{1-\sigma_2}-\frac{(-E)^{1-\sigma_3}-1}{1-\sigma_3}\right)\mathrm{d}t$$

$$\text{s. t. } Y = A_1 H_Y^{\alpha_1}(KN^{\frac{1-\delta}{\delta}})^{\alpha_2}R^{\alpha_3}E^{\alpha_4}$$

$$\dot{K} = Y - C - \theta K$$

$$\dot{I} = \pi I - R \tag{3 – 22}$$

$$\dot{E} = A_4\theta^{\gamma_1}T^{\gamma_2}K^{\gamma_3}Y + \phi E = ZY + \phi E$$

$$\dot{T} = A_2(T - T_Y - T_{IN})$$

$$\dot{M} = A_3 T_{IN}^{\beta_1}M^{\beta_2}$$

建立 Hamilton 函数如下：

$$H_a = \left(\frac{C^{1-\sigma_1}-1}{1-\sigma_1}+\frac{I^{1-\sigma_2}-1}{1-\sigma_2}-\frac{(-E)^{1-\sigma_3}-1}{1-\sigma_3}\right)+\lambda_1\left[A_1 T_Y^{\alpha_1}(KN^{\frac{1-\delta}{\delta}})^{\alpha_2}R^{\alpha_3}E^{\alpha_4}-C-\theta K\right]$$
$$+\lambda_2(\pi I - R)+\lambda_3(ZY+\phi E)+\lambda_4 A_2(T-T_Y-T_{IN})+\lambda_5 A_3 T_{IN}^{\beta_1}M^{\beta_2}$$

$$\tag{3 – 23}$$

其中，K、I、E、T、M 状态变量，C、θ、R、T_Y、T_{IN} 为控制变量，γ_1、
λ_2、λ_3，λ_4，λ_5 表示物质资本投入、资源投入、环境质量、科技创新、
制度创新的影子价格。通过规划求解可得（求解过程见附录）：

$$g_Y = \frac{\left[\alpha_1+\dfrac{\beta_1}{1-\beta_2}\left(\alpha_2\dfrac{1-\delta}{\delta}+\alpha_4\gamma_2\right)\right](A_2-\rho)}{\alpha_1\sigma_1+\alpha_3\dfrac{\sigma_1-\sigma_2}{1-\sigma_2}-\alpha_4(1+\gamma_3)-(1-\sigma_1)\dfrac{\beta_1}{1-\beta_2}\left(\alpha_2\dfrac{1-\delta}{\delta}+\alpha_4\gamma_2\right)}$$

$$\tag{3 – 24}$$

已知 $-1<\gamma_2$，$\gamma_3<0$，$0<\alpha_1$，α_2，$\alpha_3<1$，$\alpha_4<0$，当满足下列条
件时，满足可持续发展的条件一，即 $g_Y>0$，则：

$$\sigma_2<1，\ \sigma_1>\sigma_2\ \text{且}\ \sigma_1>1 \tag{3 – 25}$$

$$A_2-\rho>0\Rightarrow A_2>\rho \tag{3 – 26}$$

ρ 为消费者的主观时间偏好，ρ 越大，消费者对于当期的消费意愿越强；
否则，消费意愿则降低。$A_2>\rho$ 说明要实现可持续发展，必须保持人力

资本的生产技术参数高于消费者效用的时间贴现率。σ_1，σ_2 分别是效用函数 $U(C，I，E)$ 的物质资本、自然资源跨期替代弹性的倒数，也被称为不变跨期替代弹性，体现总福利边际效用的影响。当 $\sigma_1 > 0$ 时，消费物质资本 C 对总福利 $U(C，I，E)$ 的损害成比例地下降；当 $\sigma_1 > 1$ 时，随着 σ_1 的增大，边际效用增大，总福利的下降速度加快，消费者不会过于追求当期的物质消费而降低未来时期福利，对当期消费的降低也降低了对最终产品的需求，资源投入需求也会减少，有利于保持环境质量不下降。当 $\sigma_1 < 1$ 时，物质资本消费的增加对总福利的边际效用降低，消费者并不关心消费的时间，即会增加当期的物质消费，扩大对最终产品的需求，对资源投入的需求也随着增加，环境质量压力变大。与 σ_1 作用机理相同，$\sigma_2 > 1$ 表明，随着 σ_2 的增加，资源存量 I 的增加对于总福利 $U(C，I，E)$ 的边际效用降低具有放大效应，消费者会减少当前资源存量，增加当期资源消耗、减少未来消耗；$\sigma_2 < 1$ 时，资源存量的增加对于总福利的影响下降，消费者将会增加当期资源存量，减少当期资源消耗、增加未来资源消耗，有利于可持续发展。

由于 $g_{\lambda_2} = -\sigma_2 g_I = -\sigma_2 g_R \Rightarrow g_R = \dfrac{1-\sigma_1}{1-\sigma_2} g_Y$，当式（3-25）和式（3-26）成立时，可得 $g_R < 0$，即满足可持续发展的条件二。可证，当式（3-25）和式（3-26）成立，且 $\gamma_3 > \dfrac{\alpha_1 - \alpha_4 + \alpha_3 \dfrac{\sigma_1 - \sigma_2}{1-\sigma_2}}{\alpha_4}$ 时，可知 $g_E > 0$，满足可持续发展的条件三。

3.3 制度创新对可持续发展的贡献

前文已分别推导出科技创新和双轮驱动下的可持续发展的增长实现条件，双轮驱动中包含了制度创新内生化的结果，因此将双轮驱动的可持续发展稳态条件下的增长率与科技创新驱动的可持续发展稳态增长率进行比较，就可以得出制度创新对可持续发展的贡献。为了计算两种模式下中国可持续发展的稳态增长率,借鉴许士春(2010)的研究方法,选取各参数的经验值进行模拟检验,以验证在稳态条件下,两种模式的增长差异,即制度创新的影响差异,各参数的经验值来源于许士春(2010)的研究,按照本书的推导结果,进行适当调整以符合本书推导出各项约束条件的要求。为了增强稳定性,每个参数我们都取 4 个不同的值,共进行了 52 次模拟检验。

可以看出,双轮驱动模式下的中国经济增长 g_Y 值均大于科技创新驱动模式中的 g_Y 值,说明同时以科技创新、制度创新为动力的可持续发展速度更快;双轮驱动模式中的 g_R 值均小于科技创新驱动模式中的 g_R 值,说明同时以科技创新、制度创新为动力的可持续发展对资源消耗的需求更少;双轮驱动模式中的 g_E 均大于科技创新驱动模式中的 g_E 值,说明以科技创新、制度创新为动力的可持续发展其环境质量改善更明显。

3.4　本章小结

本章构建包含七部门的科技创新、双轮驱动内生增长研究框架,将创新驱动、资源束缚、环境约束与可持续发展转化为现实条件下的动态最优化求解,通过数理推导和模拟检验,揭示科技创新驱动和双轮驱动的可持续发展形成机理,通过比较两种发展模式下的稳态增长差异,检验制度创新的贡献。研究显示,假以必要的条件,科技创新驱动和双轮驱动的可持续发展均存在最优解;相比较而言,以科技创新、制度创新双轮驱动的可持续发展效果更优,双轮驱动具有其内在的科学性、合理性和必然性。

第 4 章

制度创新测度及区域差异

4.1 制度创新测度

4.1.1 测度指标体系

1993 年《中共中央关于建立社会主义市场经济体制若干问题的决定》提出的制度创新工作有 8 项，分别是国有企业改革、培育和发展市场体系、转变政府职能、社会保障制度改革、深化农村经济体制改革、深化对外经济体制改革、科教体制改革和法律制度建设。2003 年《中共中央关于完善社会主义市场经济体制若干问题的决定》明确了 10 项制度创新工作，分别是发展民营经济、深化国企改革、深化农村改革、完善市场体制、转变政府职能、完善财税金融体制改革、深化对外开放、完善社会保障体系、深化科技教育文化卫生体制改革、完善经济法律制度。可以看出，2003 年的市场经济体制改革基本涵盖了 1993 年提出的各项改革措施，此外，中国的统计核算体系在 1995 年和 2003 年发生了两次较大的变化。考虑到数据的追溯性和可得性，本书依据 2003

年的市场经济体制改革措施设置制度创新评价指标。本书的制度创新评价内容包括发展民营经济、培育和发展市场体系、转变政府职能、科教体制改革、发展对外经济。财税金融体制改革、经济法律制度改革、农村经济体制改革、国有企业改革未被纳入评价体系的主要原因如下：第一，财税金融体制改革、完善经济法律制度主要是在国家层面的改革，地方政府的措施有限。第二，农村经济体制改革的主要措施是二轮土地承包和所有权、承包权、经营权"三权分置"改革（宋冬林和谢文帅，2019），但此项工作主要从 2012 年开始，周期较短，且数据不可得。第三，国有企业改革的核心是建立现代企业制度、抓大放小、分类重组等（张琦，2023），大部分工作在 2010 年左右完成，改革后国有企业主要集中在金融、通信、航空、电力、石油、天然气、冶金、化工等关系国计民生的重要行业，与区域资源禀赋密切相关，与地方政府制度创新的关系相对较弱。

本书从"放管服"改革、民营经济、市场要素流动、对外开放四个维度分别衡量转变政府职能、科教体制改革、民营经济发展、培育和发展市场体系、发展对外经济的制度创新成果。"放管服"改革主要是测度政府职能转型的情况，包括政府规模、依法行政、政府支出挤出效应、科教体制改革四个子维度。之所以将科教体制改革纳入"放管服"改革是基于以下考虑：当前科教体制改革的难题是宏观管理体制不顺、科教资源配置过度行政化（王宏伟和李平，2015），所以本书将科教体制改革也视为转变政府职能的一部分，分别设置教育经费中非政府资金占比、科研经费中非政府资金占比两项指标用来衡量科教体制改革中撬动社会资源的能力。政府规模主要从政府机构和人员数量占比来衡量。法治政府建设是提高行政效率和公信力的重要手段（马怀德，2022），本书设置"依法行政"子维度来衡量政府在转变职能过程中"有所为，有所不为"的法定责任履职情况，采用单位机构行政复议和行政诉讼案件量来衡量，该指标也可以反映政府在市场经济体系中的法律责任行为，即政府是否过多干预市场经济活动。过高的政府支出会影响其他投资主体的积极性而产生挤出效应（王志刚和朱慧，2021），政府支出挤出效应由政府消费支出占比、政府固定资产投资占比两个指标来衡量。

民营经济维度主要从民营经济的收入、投资、就业三个子维度来衡量，由于各地区并未公布民营经济国内生产总值（GDP），因此本书借鉴林昌华（2022）的研究方法用非国有控股企业收入占比来衡量民营经济的收入情况，民营经济投资占比、民营经济就业人员占比分别用来表征各地区通过制度创新鼓励民营经济在社会投资、解决就业方面的效果。

培育和发展市场体系目标是推动不同地区的产品平等准入、公正监管，从而形成高效规范、公平竞争的国内统一市场（马建堂，2021）。要素流动情况直接反映推动国内统一市场、畅通商品流动的制度创新效果。因此本书用商品流动、中介机构数量、人口流动三个维度的指标代表各地区建设统一开放、竞争有序的市场体系的制度创新效果。商品流动从全社会商品零售总额占比、印花税占比、人均货物运输量、技术合同交易额占比来反映不同形态的商品流动效果：全社会商品零售总额和印花税占比是反映市场交易活跃程度，人均货物运输量和技术合同交易额分别反映实物周转和技术商品流动情况。社会组织数量占比、户籍人口占常住人口比例用来表征促进社会中介服务、减少劳动生产力流动障碍的制度创新效果。

对外开放维度分别用外商企业投资、进出口贸易两个子维度来衡量发展对外经济的制度创新效果。本书采用外商企业投资占比、进出口总额占比两个相对值的指标来反映对外经济的发展，而不是绝对值指标，一是由于中国不同地区存在经济发展差异，东部地区因地理位置的区位因素在对外开放方面存在先天优势；二是采用绝对值忽略对外开放与经济发展的匹配程度，也无法体现发展的质量要求。本书的其他制度创新指标也是基于以上考虑而设置为相对值指标，不再赘述。

本书从"放管服"改革、民营经济、市场活力、对外开放四个维度构建包含18个指标的测度指标体系（见表4-1）。

表 4 - 1 制度创新测度指标体系

类别	子维度	指标名称	单位	计算公式	性质
"放管服"改革	政府规模	政府机构数量占比	%	政府机构法人数量/总法人数量	−
		政府机构人员占比	%	政府机构从业人员/总从业人员	−
	政府干预	单位机构行政复议和行政诉讼案件量	件/单位	行政复议和行政诉讼案件/国家机构法人数量	−
	挤出效应	政府消费支出占比	%	消费支出中政府支出/GDP消费支出	−
		政府固定资产投资占比	%	政府固定资产投资/全社会固定资产投资	−
	市场准入	教育经费中非政府资金占比	%	非政府财政教育经费/教育经费	+
		科研经费中非政府资金占比	%	非政府财政科研经费/教育经费	+
民营经济	收入规模	非国有控股企业收入占比	%	非国有控股企业主营业务收入/规模以上工业企业主营收入	+
	投资规模	民营经济投资占比	%	私营个体投资额/全社会固定资产投资	+
	就业规模	民营经济就业人员占比	%	私营个体经济就业人数/就业人数	+
市场活力	商品交易活跃度	全社会商品零售总额占比	%	全社会商品零售总额/GDP	+
		人均货物运输量	吨/人	货运量/人口	+
		印花税占比	%	印花税/GDP	+
		技术合同交易额占比	%	技术合同交易额/GDP	+
	中介机构数量	社会组织数量占比	%	社会组织数量/总法人单位	+
	人口流动障碍	户籍人口占常住人口比例	%	户籍人口/常住人口	+
对外开放	利用外资	外商企业投资占比	%	外商企业投资额/GDP	+
	进出口	进出口总额占比	%	进出口总额/GDP	+

根据指标的具体意义可分为极大值型指标和极小值型指标，分别用
"＋"和"－"表示，前者数据越大越好，后者数据越小越好。

4.1.2 评价方法

本书采用基于整体差异的纵横向拉开档次评价法测度制度创新指
数，该方法赋权客观、过程"透明"，评价意义直观，各评价对象及各
时期之间都具有可比性，其原理如下。

设有 n 个被评价对象 s_1，s_2，…，s_n，有 m 个评价指标 x_1，x_2，…，
x_m，n 个被评价对象可以看成由 m 个评价指标构成的 m 维评价空间中
的 n 个点，评价值就相当于把这 n 个点向某一空间做投影。选择指标的
目的是使得各个评价对象之间的差异尽量拉大，即根据 m 维评价空间
构造一个最佳的一维空间，使得各点在此空间上的投影点最分散。设置
评价函数：

$$y_i = \omega_1 x_{i1} + \omega_2 x_{i2} + \cdots + \omega_m x_{im} \tag{4-1}$$

y_i 为被评价单元 i 的评价值；ω_m 是第 m 个评价指标的权重，若记：

$$y = \begin{pmatrix} y_1 \\ y_2 \\ \vdots \\ y_n \end{pmatrix}, \quad A = \begin{bmatrix} x_{11} & x_{12} & \cdots & x_{1m} \\ x_{21} & x_{22} & \cdots & x_{2m} \\ \vdots & \vdots & & \vdots \\ x_{ni} & x_{n2} & \cdots & x_{nm} \end{bmatrix}, \quad \omega = (\omega_1, \omega_2, \cdots, \omega_m)^T$$

则式（4-1）可写为：

$$y = A\omega \tag{4-2}$$

确定权重向量 ω 的准则是能最大限度地体现不同被评价对象之间
的差异，即求指标向量 x 的线性函数 $\omega^T x$，使此函数对 n 个被评价对
象的方差最大。而变量 $y = \omega^T x$ 按照 n 个评价对象取值构成样本方
差为：

$$s^2 = \frac{1}{n} \sum_{i=1}^{n} (y_i - \bar{y})^2 = \frac{y^T y}{n} - \bar{y}^2 \tag{4-3}$$

将 $y = A\omega$ 代入式（4-3），并进行标准化处理可知 $\bar{y} = 0$，有：

$$ns^2 = \omega^T H \omega \qquad (4-4)$$

其中 $H = A^T A$ 为实对称矩阵。显然对于 ω 不加限制时，式（4-4）可以取任意大的值，这里限定 $\omega T \omega = 1$，求式（4-4）的最大值，也就是选择 ω，使得：

$$\max \omega^T H \omega$$

$$s.\ t.\ \|\omega\|_2 = 1$$

$$\omega > 0 \qquad (4-5)$$

可以证明若 ω 为 H 的最大特征值所对应的标准特征向量时，式（4-5）取得最大值，将 ω 归一化即可求出权重系数 $\omega = (\omega_1, \omega_2, \cdots, \omega_m)^T$，且 $\sum\limits_{j=1}^{m} \omega_j = 1$。

上述拉开档次法是基于截面数据的方法，当有 n 个被评价对象 s_1, s_2, $\cdots$, s_n，有 m 个评价指标 x_1, x_2, $\cdots$, x_m，且按时间顺序 t_1, t_2, $\cdots$, t_N，则可构成一组面板数据 $\{x_{ij}(t_k)\}$，同样可根据不同时间设置综合评价函数：

$$y_i(t_k) = \sum_{j=1}^{m} \omega_j x_{ij}(t_k),\ (k = 1, 2, \cdots, N;\ i = 1, 2, \cdots,$$

$$n;\ j = 1, 2, \cdots, m) \qquad (4-6)$$

$y_i(t_k)$ 为被评价单元 i 在 t_k 时期的综合评价值；ω_j 是指标权重，$x_{ij}(t_k)$ 是在 t_k 时期 i 单元的第 j 个评价指标。同理，ω_j 的确定原则是在面板数据上最大地体现被评价单元之间的差异，其差异为：

$$\sigma^2 = \sum_{k=1}^{N} \sum_{i=1}^{N} (y_i(t_k) - \bar{y})^2 \qquad (4-7)$$

由于对原始数据 $\{x_{ij}(t_k)\}$ 需进行无量纲处理，有 $\bar{y} = \frac{1}{N} \sum\limits_{k=1}^{N} \left(\frac{1}{n} \sum\limits_{i=1}^{n} \sum\limits_{j=1}^{m} \omega_j x_{ij}(t_k) \right) = 0$，从而式（4-7）可以表示为：

$$\sigma^2 = \sum_{k=1}^{N} \sum_{i=1}^{n} (y_i(t_k))^2 = \sum_{k=1}^{N} (\omega^T H_k \omega) = \omega^T \sum_{k=1}^{N} H_k \omega \quad (4-8)$$

其中 $\omega = (\omega_1, \omega_2, \cdots, \omega_m)^T$；$H = \sum\limits_{k=1}^{N} H_k$ 为 m×m 阶对称矩阵；

$$H_k = A_k^T A_k (k = 1, 2, \cdots, N), \ 且\ A_k = \begin{bmatrix} x_{11}(t_k) & \cdots & x_{1m}(t_k) \\ \vdots & & \vdots \\ x_{n1}(t_k) & \cdots & x_{nm}(t_k) \end{bmatrix} \quad (4-9)$$

利用拉开档次法的证明方法同样可以证明有如下结论:

结论1:若 $\omega^T\omega = 1$,当 ω 为矩阵 H 的最大特征值 $\lambda_{max}(H)$ 所对应的特征向量时,σ^2 取最大值。并且具有 $\max\limits_{\|\omega\|=1} \omega^T H\omega = \lambda_{max}(H)$。所以,求出矩阵 H 的最大特征向量,并进行归一化,即可求出对应的权重 ω,且 $\sum\limits_{j=1}^{m} \omega_j = 1$。

结论2:当 $H_k > 0(k = 1, 2, \cdots, N)$ 时,在 t_k 处分别应用横向拉开档次法和纵横向拉开档次法所得到的关于被评价对象的排序是相同的。

4.1.3　研究周期和研究样本

2003 年党的十六届三中全会通过了《中共中央关于完善社会主义市场经济体制若干问题的决定》,是社会主义市场经济制度创新的里程碑,因此本书的研究周期为 2003 ~ 2018 年。鉴于西藏的研究数据缺失较多,本书的研究样本为中国内地除西藏之外的 30 个省、自治区、直辖市。为便于进行区域比较,本书将全国样本按照区域经济的战略布局分为东北地区、京津冀地区、黄河上游地区、黄河中下游地区、长江上游地区、长江中游地区、长三角地区、泛大湾区八个区域。东北地区包括辽宁、吉林、黑龙江三省;京津冀地区包括北京、天津、河北三省市;黄河上游地区包括青海、甘肃、宁夏、新疆四省区;黄河中下游地区包括内蒙古、山西、陕西、河南、山东五省区;长江上游地区包括云南、贵州、四川、重庆四省份;长江中游地区包括湖南、湖北、江西、安徽四省;长三角地区包括江苏、上海、浙江三省份;泛大湾区包括广东、广西、福建、海南四省份。研究数据来源于《中国统计年鉴》《中国社会统计年鉴》《中国科技统计年鉴》《中国固定资产投资统计年鉴》等,以及各省份统计年鉴、统计公报等。

4.1.4 测度结果

1. 国家特征

2003 ~ 2018 年中国制度创新指数如表 4 – 2 所示（受篇幅所限仅列出主要年份数据）。

表 4 – 2　　　　　　　　中国制度创新指数

维度	2003 年	2005 年	2007 年	2009 年	2011 年	2013 年	2015 年	2017 年	2018 年
"放管服" 改革	2.61	2.61	2.79	3.11	2.86	3.10	2.94	2.79	2.79
民营经济	0.72	0.58	0.70	0.75	0.82	0.93	1.06	1.16	1.19
市场活力	1.39	1.54	1.72	1.76	1.75	1.86	1.69	1.68	1.73
对外开放	1.77	1.86	1.86	1.40	1.43	1.32	1.26	1.43	1.48
合计	6.48	6.58	7.08	7.01	6.86	7.21	6.94	7.07	7.19

注：全国值为各省份指数的平均值。

由表 4 – 2 可以看出，中国的制度创新水平在不断提高，制度创新指数从 2003 年的 6.48 提高到 2018 年的 7.19，推动制度创新指数走高的是民营经济和市场活力两个维度，它们的得分分别从 2003 年的 0.72、1.39 提高到 2018 年的 1.19、1.73，改善较为明显。2003 年《中共中央关于完善社会主义市场经济体制若干问题的决定》将鼓励、支持和引导非公有制经济发展作为市场经济体制的重要内容。2007 年党的十七大又进一步强调 "要毫不动摇地巩固和发展公有制经济，毫不动摇地鼓励、支持、引导非公有制经济发展"[①]，党的十八大以来中央又出台多项鼓励民营经济发展的措施，消除制约和阻碍民营经济发展的体制性障碍，破除民营企业在投融资、税收、土地使用和对外贸易等方面的壁垒，使得民营经济得到长足发展：2018 年民营经济贡献了 50% 以上的税收、60% 以

① 胡锦涛在中共第十七次全国代表大会上的报告全文［EB/OL］. 中央政府门户网站，2007 – 10 – 24.

上的 GDP、70% 以上的技术创新成果、80% 以上的城镇劳动就业、90% 以上的企业数量。在世界 500 强企业中，中国的民营企业由 2010 年的 1 家增加到 2018 年的 28 家，这些都充分展示了鼓励民营经济发展的成效[1]。

市场活力得分走高得益于自 2003 年以来中国进一步发挥市场在资源配置中的决定性作用，不断破除地方保护主义，消除市场贸易障碍，市场活跃程度不断提高。全社会商品零售总额占比、人均货运量、印花税占比、技术合同交易额占比分别从 2003 年的 33.44%、14.13%、5.99%、0.76% 提高到 2018 年的 39.92%、37.19%、13.71%、1.90%[2]。社会商品零售总额反映了市场的规模、人民生活水平和购买力。印花税则是直接面向市场交易活动征收的税种，经济活动也越多，市场越活跃，订立的各种法律凭证（如合同、协议等）也越多，它们直观反映了市场交易数量、规模等。技术合同包括技术开发、技术转让、技术咨询和技术服务类，技术合同交易额占 GDP 比例不仅反映了加快科技发展转化的成果，也体现了扩大技术市场开放、提高技术市场活力的努力程度。

"放管服"改革得分提升幅度较小，主要是政府机构从业人员占比、单位机构行政复议和行政诉讼案件量、教育经费中非政府资金占比这三个指标出现退步，政府机构从业人员占比、单位机构行政复议和行政诉讼案件量分别从 2003 年的 1.84%、0.49 件/单位上升到 2.51%、1.31 件/单位，教育经费中非政府资金占比则从 2003 年的 38% 下降到 2018 年的 19.83%[3]。说明虽然政府机构数量在大幅度减少，但是政府内部人员并没有减少，反而出现增加的现象，其中有经济总量扩大、市场管理难度提高的因素，也有人员改革滞后于机构改革的原因，说明如何在机构改革的同时做好人员优化和转型是急需解决的问题。单位机构行政复议和行政诉讼案件量的上升一方面说明随着全社会法治意识的提高，法律手段已成为解决公众与政府纠纷的主要途径，"民告官"已经不再是新闻；另一方面也说明政府在转变职能、简政放权、维护市场秩序方面的工作仍然与公众不断提高的诉求有差距。教育经费中非政府资

---

① 民营企业贡献 GDP 超 60% 全国税收超 50% ［EB/OL］. 第一财经，2019 – 12 – 23.
②③ 资料来源：笔者根据《中国统计年鉴》各年数据手工计算。

金占比下降，虽然是政府加大教育投入的结果，但也需要在教育市场准
入、吸收社会资金、开放办学方面探索新的制度创新模式，特别是职业
教育、高等教育如何引入社会资源是一个值得思考的问题。

改革开放维度得分呈现下降趋势，从 2003 年的 1.77 下降到 2018
年的 1.48，主要原因是外贸在国民经济中的地位在相对下降，2003 年
全国外贸进出口总额为 8509.86 亿美元，占 GDP 的比重为 51.26%，而
2018 年全国的进出口总额已经达到 46224.75 亿美元，但占 GDP 的比重
却下降到 33.98%，外商企业投资额占比从 2003 年的 67.3% 下降到
2018 年的 57.1%[①]。其中固然有中国经济结构调整、西方保护主义抬头
等客观因素，但仍需要不断创新新形势下对外开放的新模式、新路径。
党的十八届三中全会提出了促进开放的一系列新思想、新论断、新举
措，其后改革开放维度得分不断提高，充分说明对外开放仍可大有作
为，吸引外资也尚未到"天花板"。

2. 区域特征[②]

分区域、分维度制度创新得分如图 4 - 1 和表 4 - 3 所示。

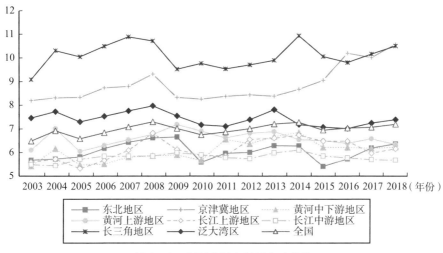

图 4 - 1　分区域制度创新变动趋势

①② 资料来源：笔者根据《中国统计年鉴》各年数据手工计算。

表 4 - 3　　　　　　　　分区域制度创新分维度评价结果　　　　单位：%

地区	分维度	2003 年	2005 年	2007 年	2009 年	2011 年	2013 年	2015 年	2017 年	2018 年
东北	"放管服"改革	1.95	2.19	2.56	3.38	2.54	2.82	2.25	2.51	2.47
	民营经济	0.72	0.57	0.71	0.79	0.91	1.03	1.08	1.12	1.16
	市场活力	1.41	1.57	1.69	1.48	1.51	1.55	1.33	1.45	1.50
	对外开放	1.60	1.49	1.48	1.00	1.00	0.89	0.74	1.11	1.24
	合计	5.68	5.82	6.43	6.65	5.97	6.29	5.41	6.19	6.37
京津冀	"放管服"改革	2.53	2.13	2.31	2.76	2.43	2.44	3.04	3.68	3.91
	民营经济	0.70	0.66	0.73	0.77	0.78	0.86	1.06	1.20	1.24
	市场活力	1.66	1.84	2.07	2.14	2.27	2.51	2.61	2.65	2.75
	对外开放	3.30	3.71	3.69	2.67	2.90	2.57	2.34	2.48	2.68
	合计	8.19	8.33	8.80	8.33	8.37	8.38	9.05	10.01	10.57
黄河中下游	"放管服"改革	2.75	2.85	2.89	3.15	3.62	3.51	3.13	2.87	2.76
	民营经济	0.72	0.51	0.64	0.68	0.73	0.83	0.94	1.04	1.10
	市场活力	1.18	1.31	1.47	1.49	1.61	1.75	1.55	1.55	1.60
	对外开放	0.77	0.81	0.80	0.57	0.60	0.58	0.60	0.71	0.76
	合计	5.42	5.48	5.80	5.90	6.56	6.67	6.22	6.18	6.23
黄河上游	"放管服"改革	3.18	3.05	3.09	3.38	3.01	3.17	2.97	2.56	2.48
	民营经济	0.65	0.45	0.55	0.54	0.62	0.74	0.84	0.98	0.88
	市场活力	1.49	1.78	2.21	2.78	2.51	2.55	2.25	2.38	2.45
	对外开放	0.79	0.77	0.70	0.48	0.48	0.41	0.45	0.66	0.53
	合计	6.10	6.05	6.54	7.18	6.62	6.88	6.50	6.58	6.34
长江上游	"放管服"改革	2.80	2.67	3.14	3.24	2.84	3.22	3.34	2.94	2.90
	民营经济	0.71	0.49	0.59	0.64	0.70	0.82	0.94	1.00	1.05
	市场活力	1.52	1.63	1.73	1.69	1.66	1.80	1.48	1.33	1.42
	对外开放	0.57	0.53	0.64	0.54	0.65	0.76	0.72	0.70	0.79
	合计	5.59	5.32	6.10	6.13	5.86	6.61	6.48	5.97	6.16
长江中游	"放管服"改革	2.69	2.91	2.76	3.12	2.73	2.74	2.49	2.28	2.22
	民营经济	0.75	0.55	0.68	0.76	0.89	1.02	1.17	1.18	1.22
	市场活力	1.32	1.48	1.59	1.49	1.52	1.63	1.52	1.49	1.47
	对外开放	0.73	0.77	0.81	0.62	0.64	0.60	0.68	0.75	0.78
	合计	5.49	5.71	5.85	6.00	5.78	5.98	5.85	5.69	5.68

续表

地区	分维度	2003 年	2005 年	2007 年	2009 年	2011 年	2013 年	2015 年	2017 年	2018 年
长三角	"放管服"改革	2.53	2.64	3.14	3.05	2.83	3.54	3.53	3.44	3.55
	民营经济	0.80	0.87	1.11	1.16	1.25	1.33	1.54	1.74	1.76
	市场活力	1.40	1.43	1.58	1.46	1.42	1.45	1.50	1.45	1.59
	对外开放	4.36	5.10	5.06	3.85	4.03	3.58	3.49	3.54	3.60
	合计	9.08	10.05	10.89	9.52	9.54	9.90	10.06	10.16	10.50
泛大湾区	"放管服"改革	2.21	2.18	2.30	2.71	2.50	3.16	2.74	2.36	2.40
	民营经济	0.74	0.61	0.75	0.78	0.83	0.92	1.16	1.17	1.29
	市场活力	1.25	1.38	1.55	1.57	1.53	1.64	1.41	1.32	1.29
	对外开放	3.25	3.13	3.15	2.48	2.25	2.08	1.89	2.39	2.41
	合计	7.46	7.29	7.76	7.54	7.11	7.81	7.07	7.25	7.39

八大区域中，长三角地区、京津冀地区、泛大湾区的制度创新水平较高，其他五个地区制度创新得分低于全国平均水平。长三角地区在"放管服"改革、民营经济和对外开放维度的表现较好，在"放管服"改革维度中 2018 年该地区政府机构数量占比、政府机构人员占比、政府固定资产投资占比分别为 0.69%、1.72%、0.54%，明显好于全国水平，体现出长三角地区政府机构改革、简政放权、控制政府投资走在了全国的前列；而教育经费中非政府资金占比、科研经费中非政府资金占比也表现较好，说明长三角地区通过放宽市场准入，吸引大量社会资金投入教育和科研。在民营经济维度中，2018 年长三角地区的非国有控股企业收入占比、私营个体经济就业人数占比、私营个体经济投资占比分别为 76.30%、80.90%、35.64% 较全国平均水平高出 14.10 个、36.01 个、4.69 个百分点，说明长三角地区推动民营经济发展的机制体制创新力度大、效果明显。在对外开放维度中，2018 年长三角地区的外商企业投资额占比、进出口总额占比分别为 102%、67.59%，是全国平均水平的 2.2 倍和 2.8 倍，说明虽然受到了生产成本上升、西方国家政治打压等多种因素的影响，长三角地区对外开放的效果仍然具有比较优势。

京津冀地区在"放管服"改革、市场活力、对外开放三个维度表现较好。在"放管服"改革维度，2018 年政府机构数量占比、政府固定资产投资占比分别为 0.58%、0.44%，仅是全国平均水平的 1/3 左右，说明该地区缩减政府规模、控制政府投资的成绩显著。在市场活力维度中，京津冀地区 2018 年的印花税占比、技术合同交易额占比分别为 20.12%、6.92%，明显高于全国平均水平，尤其后者是全国水平的3.6 倍，其中原因一方面是京津冀地区，特别是北京、天津两市的高校、研发、科研机构众多，技术成果丰富；另一方面是京津冀地区在加快技术成果转化方面的制度安排合理，引导科技成果加速向实践转化。在对外开放维度中，京津冀地区 2018 年的外商企业投资额占比、进出口总额占比分别达到 81%、47.68%，高出全国水平近一倍。但是值得关注的是京津冀地区对外开放不平衡，北京 2018 年的外商企业投资额占比、进出口总额占比分别为 120%、90.03% 几乎是全国平均水平的三倍，而河北省的这两项指标仅为 20%、9.91%，还不到全国平均水平的一半。

泛大湾区最明显的优势是对外开放维度，2018 年该区域的外商企业投资额占比、进出口总额占比分别为 82%、66.53%，是全国平均水平的两倍。泛大湾区制度创新指数综合得分较高主要是广东的拉动所致。广东的优势主要在"放管服"改革、民营经济、对外开放维度，在"放管服"改革维度中政府机构数量占比、政府机构人员占比、政府固定资产投资占比、教育经费中非政府资金占比、科研经费中非政府资金占比分别为 0.78%、1.84%、0.43%、25.24%、89.36%，得分优势明显，反映出广东作为中国经济规模第一大省，在建设服务型政府、扩大市场准入方面效果明显，不仅政府机构改革力度大，而且在缩减政府行政人员方面也探索出有效方法；民营经济、对外开放是广东的传统优势，广东在政府转型、民营经济发展、对外开放的制度创新始终处于前列，并得到广泛认同。

东北地区制度创新得分总体低于全国平均水平，在"放管服"改革维度中，2018 年政府机构数量占比为 3.42%，高出全国平均水平约1.3 个百分点，其他指标距离全国平均水平也有不同程度差距，这反映出东北地区的政府职能转型、简政放权、服务市场等工作还有一定的差距。在民营经济维度，2018 年非国有企业主营业务收入占比、私营个体经济就业人数占比分别为 45.46%、39.38%，低于全国平均水平 16.74 个、5.51 个百分点，说明东北地区在激发民营经济活力方面的制度效果不明显，如何加快民营经济发展是东北地区需要认真研究的问题。在市场活力维度，人均货运量、印花税占比、技术合同交易额占比均处于弱势，说明消除市场流动限制，培养市场要素发展是东北地区需关注的课题。在对外开放维度，东北地区进出口总额占比低于全国平均水平 8.2 个百分点，说明要实现东北亚开放高地的目标，东北地区制度措施尚需完善和优化。

黄河中下游地区制度是中国重要的粮食产区、能源基地和人口大省，2018 年该地区 GDP 占全国的比重为 20.03%。它的短板在于对外开放水平较低，2018 年该地区的外商企业投资额为 10439.82 亿元，占地区 GDP 的比重为 10.3%，占全国外商企业投资额的 10.05%；进出口总额为 4224.44 亿元，占全国进出口总额的 2.3%，占地区 GDP 的 6.9%。这与黄河中下游地区经济规模在全国的地位差距甚远，该地区，特别是陕西、河南、内蒙古，需要认真研究对外开放的制度措施，优化完善对外开放机制体制，吸引外资、扩大开放。

黄河上游地区在研究周期内呈现小幅提升的趋势，该地区在"放管服"改革、民营经济、对外开放方面处于相对落后地位。在"放管服"改革维度中，政府机构数量占比、政府机构人员占比、政府消费支出占比、政府固定资产投资占比、教育经费中非政府资金占比、科研经费中非政府资金占比均落后于全国水平。在民营经济维度中，非国有企业主营业务收入占比、私营个体经济就业人数占比表现有待提高。值得注意的是在全国"放管服"改革不断取得进展的背景下，该地区的"放管服"改革得分却出现了退步，从 2003 年的 3.18% 下降到 2018 年的 2.48%，分析原因一是部分指标退步明显，例如，政府机构人员占比从 2003 年 2.39% 快速上升到 2018 年的 3.98%；教育经费中非政府资金占比从 2003 年的 25.1% 下降到 2018 年的 9.92%；二是其他指标虽然有小幅下降，但是与全国其他地区相比改善不明显，仍然处于相对高位，例如，政府消费支出占比、政府固定资产投资占比等，说明该地区需要明确政府定位，处理好政府与市场的关系。

长江上游地区制度创新得分也低于全国平均水平，主要是市场活力和对外开放两个维度处于劣势。在市场活力维度中人均货运量、印花税占比、技术合同交易额占比等方面处于劣势。在对外开放维度中，2018年外商企业投资额占比、进出口总额占比分别为24%、13.69%，也不到全国的水平的一半，该地区应着重在增强市场活力、加快市场要素流动，扩大对外开放方面探索新的制度创新。分省而言，除重庆接近全国平均水平之外，四川、贵州、云南总得分均低于全国平均水平。

长江中游地区制度创新得分最低，令人意外。经过分析发现，该地区在"放管服"改革、市场活力、对外开放维度表现较为低迷，在"放管服"维度中政府机构数量占比、政府机构人员占比、政府消费支出占比、政府固定资产投资占比都较差，说明长江中游地区的政府转型任重道远。该地区"放管服"改革得分同样出现下降的现象，从2003年的2.69%下降到2018年的2.22%，主要是政府消费支出占比上升，教育经费中非政府资金占比快速下降。在市场活力维度，人均货运量、印花税占比、技术合同交易额占比、社会中介组织占比均表现不理想，说明加快培养市场要素、提高科技成果转化率、增加市场活力的工作也需要不断改善。在对外开放维度，外商企业投资额占比、进出口总额占比分别为27%、11.4%，不到全国水平的一半。江西、湖南两省是影响长江中游地区制度创新得分的主要区域。

3. 省域特征[①]

图4-2展示了研究周期内各省制度创新平均得分排名情况。上海、北京、广东、江苏、天津位居前列，河南、山东、安徽、黑龙江、湖南排名靠后。

---

① 资料来源：笔者根据《中国统计年鉴》各年数据手工计算。

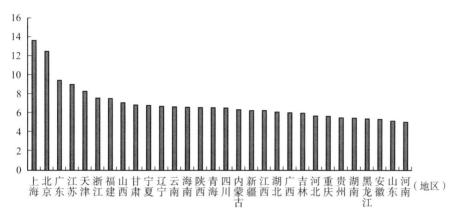

图 4 – 2　2003 ~ 2018 年制度创新平均得分排名

　　上海、北京、广东这些省份的共同特点是"放管服"力度大、效果明显，民营经济贡献大，对外开放措施有效，而河南、山东、安徽则相反。但是对比图 4 – 3 可以发现，山东 2018 年上升到 19 位，安徽提高到 23 位，上升速度最快。山东制度创新指数上升的主要原因是"放管服"改革成效显著、民营经济活力提升明显："放管服"改革维度中政府机构数量占比、单位机构行政复议和行政诉讼案件量、政府消费支出占比、政府固定资产投资占比分别从 2003 年的 3.76%、1.41%、1.15%、31.02%、4.12% 改善为 2018 年的 1.27%、0.98%、18.83%、1.23%；民营经济维度中非国有控股企业收入占比、民营经济投资占比、民营经济就业人员占比分别从 2003 年的 62.08%、12.69%、10.50% 改善为 2018 年的 74.80%、49.47%、42.27%。安徽制度创新指数上升的主要原因是"放管服"改革、民营经济和市场活力三个方面都有明显的改善："放管服"改革维度中政府机构数量占比、政府固定资产投资占比分别从 2003 年的 5.94%、7.04% 改善为 2018 年的 1.02%、1.44%；民营经济维度中非国有控股企业收入占比、民营经济投资占比、民营经济就业人员占比分别从 2003 年的 41.68%、11.43%、20.15% 提升为 2018 年的 70.86%、32.15%、40.43%；在市场活力维度中，人均货物运输量、印花税占比、技术合同交易额占比分别从 2003 年的 8.87%、4.25%、0.22% 提升到 2018 年的 64.32%、10.33%、1.07%。

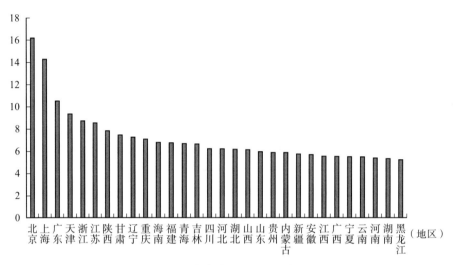

图 4 - 3　2018 年各省份制度创新得分排名

　　在山西、甘肃、宁夏位居靠前令人意外，本书选取的评价指标是以GDP 为分母的比率型指标，排名也反映了以 GDP 为参考坐标的制度创新水平的相对位置，也可以理解为制度创新与经济发展水平的匹配状况。这三个省份排名靠前，说明相对于经济发展，其制度创新表现更佳。从技术角度分析，山西主要是 2009 ~ 2014 年制度创新得分较高，排名较为靠前，这一期间山西的单位机构行政复议和行政诉讼案件量、政府消费支出占比、科研经费中非政府资金占比、全社会商品零售总额占比、人均货运量、印花税占比等表现较好，尤其是单位政府机关行政复议和行政诉讼案件、人均货运量表现较为抢眼。宁夏在 2006 ~ 2012年排名较高，这一时期宁夏的政府机构数量占比、单位机构行政复议和行政诉讼案件、政府固定资产投资占比、科研经费中非政府资金占比、人均货运量、社会中介组织占比这些指标都表现较好，尤其是人均货运量、社会中介组织占比、单位机构行政复议和行政诉讼案件指标位居全国前列。但在 2018 年的排名中山西、宁夏已经跌出前十名，说明这两个省份制度创新得分下降速度较快，尤其是宁夏已经位居后段位置。甘肃表现较为稳定，其在单位机构行政复议和行政诉讼案件、技术合同交易额占比、全社会商品零售总额占比、社会中介组织占比等方面处于优

势，其他指标也位居全国平均水平之上，说明相对于经济发展，甘肃的
制度创新水平走在前列。

4.2 基于泰尔指数的制度创新区域差异分析

从上文可以看出八大区域的制度创新差异比较明显，下文将讨论区
域差异及其原因。

4.2.1 研究方法

本书引入泰尔指数计算区域差异，方法如下：假设样本被分为 G
个区域，第 g 个区域数据样本量、制度创新指数之和分别为 N_g 和 Y_g，
第 g 个区域内第 p 个省份制度创新值为 Y_{gp}，则有以下等式成立：

$$N = \sum_{g=1}^{G} N_g , \quad Y = \sum_{g=1}^{G} Y_g = \sum_{g=1}^{G} \sum_{p=1}^{N_g} Y_{gp} \qquad (4-10)$$

式（4-10）可写为：

$$T = \sum_{g=1}^{G} \sum_{p=1}^{N_g} \frac{Y_{gp}}{Y} \log\left(\frac{Y_{gp}/Y}{1/N}\right)$$

$$= \sum_{g=1}^{G} \frac{Y_g}{Y} \log\left(\frac{Y_g/Y}{N_g/N}\right) + \sum_{g=1}^{G} \frac{Y_g}{Y} \sum_{p=1}^{N_g} \frac{Y_{gp}}{Y_g} \log\left(\frac{Y_{gp}/Y_g}{1/N_g}\right) \qquad (4-11)$$

为了能够体现各地经济发展的差异，由于本书以 GDP 为权重，因
此式（4-11）可写为：

$$T = \sum_{g=1}^{G} \frac{Y_g}{Y} \log\left(\frac{Y_g/Y}{GDP_g/GDP_N}\right) + \sum_{g=1}^{G} \frac{Y_g}{Y} \sum_{p=1}^{N_g} \frac{Y_{gp}}{Y_g} \log\left(\frac{Y_{gp}/Y_g}{GDP_{gp}/GDP_g}\right)$$

$$(4-12)$$

其中 GDP_{gp}、GDP_g、GDP_N 分别表示第 g 个区域内 p 省 GDP、第 g 个区
域 GDP、全国总的 GDP 值。

令 $T^B = \sum_{g=1}^{G} \frac{Y_g}{Y} \log\left(\frac{Y_g/Y}{GDP_g/GDP_N}\right)$，$T^W = \sum_{g=1}^{G} \frac{Y_g}{Y} \sum_{p=1}^{N_g} \frac{Y_{gp}}{Y_g} \log\left(\frac{Y_{gp}/Y_g}{GDP_{gp}/GDP_g}\right)$，

则式（4-11）可以表示为：

$$T = T^B + T^W \tag{4-13}$$

这样泰尔指数就可分解为区域间差距 T^B 和区域内差距 T^W。

4.2.2 区域差异分解结果

全国制度创新泰尔指数的分解结果如表 4-4、图 4-4 和图 4-5 所示。

表 4-4　　　　　　2003~2018 年制度创新泰尔指数分解

年份	泰尔指数			贡献	
	总差异	区域间差异	区域内差异	区域间差异	区域内差异
2003	0.3972	0.1604	0.2368	40.38%	59.62%
2004	0.4020	0.1668	0.2352	41.49%	58.51%
2005	0.3881	0.1558	0.2323	40.15%	59.85%
2006	0.3917	0.1625	0.2292	41.48%	58.52%
2007	0.3935	0.1658	0.2278	42.13%	57.87%
2008	0.4077	0.1782	0.2296	43.70%	56.30%
2009	0.4170	0.1845	0.2325	44.24%	55.76%
2010	0.4060	0.1778	0.2282	43.79%	56.21%
2011	0.3870	0.1614	0.2256	41.70%	58.30%
2012	0.3930	0.1671	0.2259	42.52%	57.48%
2013	0.3841	0.1559	0.2282	40.59%	59.41%
2014	0.3839	0.1509	0.2330	39.31%	60.69%
2015	0.3925	0.1684	0.2242	42.89%	57.11%
2016	0.4114	0.1850	0.2264	44.97%	55.03%
2017	0.3980	0.1857	0.2124	46.65%	53.35%
2018	0.3945	0.1855	0.2089	47.04%	52.96%
均值	0.3967	0.1695	0.2273	42.69%	57.31%

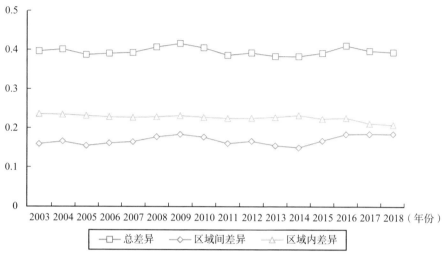

图 4-4 全国制度创新泰尔指数变动趋势

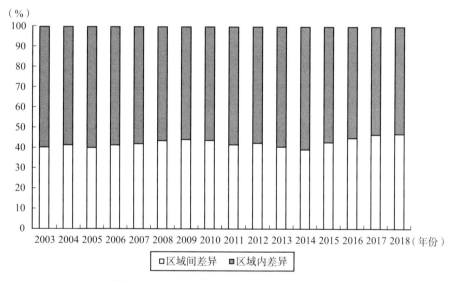

图 4-5 区域间差异和区域内差异贡献对比

可以看出，全国制度创新泰尔指数从 2003 年的 0.3972 小幅下降到
2018 年的 0.3945，说明八大区域制度创新的差异在研究周期内略有缩
减。区域内差异从 2003 年的 0.2368 下降到 2018 年的 0.2089，对总差
异的贡献从 2003 年的 59.62% 下降到 2018 年的 52.96%；区域间差异从
2003 年的 0.1604 上升到 2018 年的 0.1855，对总差异的影响程度从 2003

年的 40.38% 提高到 2018 年的 47.04%，这表明造成中国制度创新差异的主要原因是八大区域内部制度创新能力的不平衡，但八大区域之间制度创新不均衡呈现出上升的趋势，也反映出中国制度创新的板块效应和区域特征越发凸显，围绕区域战略布局开展制度创新将成为新的要求。

表 4 - 5 展示了按区域分解的泰尔指数，虽然黄河上游地区泰尔指数从 2003 年的 0.1154 下降到 2018 年的 0.0963，但是其对全国的影响仍然位居第一，而区域间差异，即黄河上游与其他地区之间的制度创新差异是主要影响因素。本书在计算泰尔指数时以 GDP 为权重，可以衡量制度创新与经济地位的匹配性。黄河上游地区包括甘肃、宁夏、青海、新疆四省份，该地区 GDP 占全国的比重基本维持在 3% 左右，在八大区域中份额最小。但该地区的制度创新整体均值位居八大区域的第 4 位（其原因前文已分析，不再冗述），明显好于其经济地位，说明相对于经济发展水平，黄河上游地区的制度创新走在了前列，正是制度创新与经济发展的"不适配"使得该地区对全国区域差异的影响位居前列。也印证了制度创新并不一定由经济发展所决定，经济欠发达地区同样可以走出一条符合自身特点的制度创新之路。从变动趋势来看，黄河上游地区制度创新泰尔指数呈现不断下降的趋势，反映出包括区域内、区域间的制度创新差异在不断缩小，结合本书的研究结果，其实质是该地区制度创新与经济发展相比较的优势正在逐渐下降：2018 年该地区制度创新指数为 6.34，较 2003 年的 6.10 增幅较小；而同一时期全国制度创新指数从 2003 年的 6.48 提高到 2018 年的 7.19，相比而言该地区的增幅已无明显优势，主要是区域内宁夏、新疆两省份的制度创新指数分别从 2003 年的 6.1758、6.3594 下降到 2018 年的 5.5047、5.7401 所致。

表 4 - 5   2003 ~ 2018 年八大区域泰尔指数变动趋势

地区	指标	2003 年	2005 年	2007 年	2009 年	2011 年	2013 年	2015 年	2017 年	2018 年
东北	泰尔系数	0.0117	0.0106	0.0135	0.0176	0.0112	0.0106	0.0088	0.0170	0.0201
	总贡献	2.96%	2.74%	3.42%	4.21%	2.89%	2.77%	2.25%	4.28%	5.10%
	区域间差异贡献	0.41%	0.23%	0.75%	1.07%	0.01%	0.10%	0.24%	2.98%	3.45%
	区域内差异贡献	2.54%	2.51%	2.67%	3.15%	2.87%	2.66%	2.01%	1.30%	1.66%

续表

地区	指标	2003 年	2005 年	2007 年	2009 年	2011 年	2013 年	2015 年	2017 年	2018 年
京津冀	泰尔系数	0.0397	0.0395	0.0376	0.0298	0.0346	0.0301	0.0389	0.0512	0.0558
	总贡献	9.99%	10.18%	9.56%	7.15%	8.94%	7.84%	9.91%	12.85%	14.15%
	区域间差异贡献	2.63%	2.65%	2.61%	1.98%	2.73%	2.12%	4.40%	6.13%	7.37%
	区域内差异贡献	7.36%	7.53%	6.94%	5.17%	6.21%	5.71%	5.51%	6.72%	6.77%
黄河中下游	泰尔系数	0.0694	0.0728	0.0698	0.0695	0.0668	0.0633	0.0670	0.0638	0.0620
	总贡献	17.47%	18.75%	17.74%	16.66%	17.27%	16.48%	17.07%	16.02%	15.72%
	区域间差异贡献	4.93%	6.15%	6.56%	6.28%	5.11%	5.40%	5.31%	5.18%	5.22%
	区域内差异贡献	12.54%	12.59%	11.18%	10.37%	12.16%	11.08%	11.76%	10.84%	10.50%
黄河上游	泰尔系数	0.1154	0.1151	0.1143	0.1337	0.1134	0.1079	0.1043	0.1073	0.0963
	总贡献	29.06%	29.66%	29.04%	32.05%	29.31%	28.10%	26.56%	26.95%	24.42%
	区域间差异贡献	19.78%	19.94%	19.96%	22.69%	21.20%	20.45%	19.82%	19.78%	17.86%
	区域内差异贡献	9.28%	9.72%	9.08%	9.37%	8.12%	7.65%	6.74%	7.17%	6.56%
长江上游	泰尔系数	0.0321	0.0289	0.0335	0.0351	0.0320	0.0341	0.0329	0.0220	0.0226
	总贡献	8.08%	7.44%	8.52%	8.41%	8.28%	8.87%	8.37%	5.52%	5.73%
	区域间差异贡献	4.05%	3.29%	4.28%	3.92%	3.34%	3.73%	3.46%	1.22%	1.34%
	区域内差异贡献	4.03%	4.15%	4.24%	4.49%	4.94%	5.13%	4.91%	4.29%	4.39%
长江中游	泰尔系数	0.0147	0.0093	0.0084	0.0110	0.0184	0.0205	0.0208	0.0211	0.0213
	总贡献	3.69%	2.40%	2.13%	2.64%	4.76%	5.34%	5.31%	5.29%	5.40%
	区域间差异贡献	0.35%	0.24%	0.45%	0.60%	1.58%	2.11%	2.24%	2.90%	3.30%
	区域内差异贡献	3.35%	2.16%	1.68%	2.04%	3.18%	3.23%	3.07%	2.39%	2.10%
长三角	泰尔系数	0.0532	0.0505	0.0496	0.0520	0.0530	0.0574	0.0630	0.0589	0.0589
	总贡献	13.39%	13.01%	12.59%	12.46%	13.69%	14.94%	16.05%	14.80%	14.93%
	区域间差异贡献	6.01%	5.24%	4.87%	5.38%	5.14%	4.90%	4.46%	5.09%	4.95%
	区域内差异贡献	7.38%	7.77%	7.72%	7.08%	8.55%	10.03%	11.59%	9.71%	9.98%
泛大湾区	泰尔系数	0.0610	0.0615	0.0669	0.0684	0.0575	0.0602	0.0568	0.0569	0.0574
	总贡献	15.36%	15.84%	17.01%	16.41%	14.85%	15.68%	14.47%	14.29%	14.55%
	区域间差异贡献	2.22%	2.40%	2.64%	2.32%	2.59%	1.76%	2.95%	3.36%	3.55%
	区域内差异贡献	13.14%	13.44%	14.36%	14.09%	12.27%	13.92%	11.53%	10.93%	11.00%

黄河中下游地区对全国制度创新区域差异的贡献虽然从 2003 年的 17.47% 下降到 2018 年的 15.72%，但是仍仅次于黄河上游地区。该地区制度创新的区域内泰尔指数明显大于区域间泰尔指数，表明地区内省份之间的制度创新差异是关键因素。主要原因是该地区制度创新水平呈现两极分化的走势：山西、内蒙古制度创新指数从 2003 年的 6.49、6.07 下降到 2018 年度 6.12、5.87；山东、河南从 2003 年的较低水平 4.84、3.85 提高到 2018 年的 5.95、5.38，保持上升趋势；陕西则是在保持较高水平的同时持续提升，从 2003 年的 5.84 提高到 2018 年的 7.83，位居全国第七位。

长三角地区制度创新泰尔指数从 2003 年的 0.0532 小幅提高到 2018 年的 0.589，对全国总差异的贡献达到了 14.93%，仅区域内差异对全国总差异的贡献就到达了 9.98%，表明该地区也是内部省份制度创新发展不均衡所致。上海、江苏、浙江的制度创新发展趋势呈现"提升和平稳"两种走势，上海、浙江从 2003 年的 12.27、6.61 提高到 2018 年的 14.27、8.71，改善明显；而江苏从 2013 年的 8.38 略增到 2018 年的 8.52，相对平稳。此外，该地区内部各省制度创新与经济发展规模不匹配也是区域内差异的原因：江苏在长三角地区 GDP 的份额不断提高，到 2018 年已经超过 50%，但是江苏制度创新水平在区域内已落后上海、浙江，并没有表现出绝对优势。

泛大湾区对全国总差异的影响同样也是由于区域内制度创新不均衡所致，广西、海南制度创新指数从 2003 年的 5.41、6.37 提高到 2018 年的 5.53、6.78，但在该地区仍然处于相对落后位置；福建制度创新指数处于前列，但是却从 2003 年的 7.58 下降到 2018 年的 6.74；广东制度创新水平位居地区内部首位，2018 年的制度创新得分为 10.50，较 2003 年的 10.46 几乎没有什么变化。

京津冀地区区域间差异快速上升，是由于北京制度创新指数从 2003 年的 9.70 快速提高到 2018 年的 16.17，带动京津冀地区制度创新指数从 2003 年的 8.19 提高到 2018 年的 10.01，明显高于其他地区的增幅，拉大了区域间差异；另外北京也拉大了与天津、河北的差距，使得该地区内部省份之间的制度创新差异同样明显。

4.2.3　进一步讨论

上文从区域视角"横向"分析了中国制度创新区域差异的形成原因，探究了区域差异的分布情况和空间结构。随之而来的是另一个问题：是制度内部的空间发展不均衡对区域差异的影响大，还是制度之间的不协调对区域差异影响大？这都需要进一步讨论。本书借鉴干春晖（2010）的研究方法，从评价内容视角"纵向"分析制度创新区域差异的形成原因，探究评价内容形成的区域差异结构。

将式（4－11）改写为：

$$T = \sum_{i=1}^{n} W_i \frac{Y_i}{Y}\left(\frac{Z_i}{Y_i} - \log(Y_i)\right) + \sum_{i=1}^{n} W_i \frac{Y_i}{Y}\log\left(\frac{Y_i}{Y}\right) \quad (4-14)$$

$$Y_i = \sum_{j=1}^{N} W_j Y_{ij} \quad (4-15)$$

$$Z_i = \sum_{j=1}^{N} W_i Y_{ij}\log(Y_{ij}) \quad (4-16)$$

i 为制度创新评价维度，i = 1，2，⋯，n，本书共有 4 个评价维度（n = 4）；j 为评价的区域，j = 1，2，⋯，N，本书将全国分为 8 个评价区域（N = 8）；Y_{ij} 为第 j 个区域第 i 个评价维度得分，Y 为以 GDP 为权重的全国制度创新加权得分。W_i 为第 i 个评价维度得分在总得分中的比重、W_j 为第 j 个区域 GDP 在全国的比重。

令 $T^W = \sum_{i=1}^{n} W_i \frac{Y_i}{Y}\left(\frac{Z_i}{Y_i} - \log(Y_i)\right)$，代表评价维度内差异，反映了同一评价维度在各区域呈现的不均衡而形成的区域差异。

令 $T^B = \sum_{i=1}^{n} W_i \frac{Y_i}{Y}\log\left(\frac{Y_i}{Y}\right)$，代表评价维度间的差异，反映了不同区域因为在各评价维度之间表现的不协调而形成的区域差异。

评价内容视角泰尔指数变动情况如表 4－6 所示。

表4-6 评价内容视角泰尔指数变动趋势

年份	总差异	制度内差异					制度间差异	制度内差异贡献					制度间差异贡献（%）
		合计	"放管服"改革	民营经济	市场活力	对外开放		合计（%）	"放管服"改革（%）	民营经济（%）	市场活力（%）	对外开放（%）	
2003	0.7913	0.4488	0.3272	0.0065	0.0123	0.1028	0.3424	56.72	41.35	0.82	1.55	13.00	43.28
2004	0.9447	0.6014	0.4794	0.0053	0.0161	0.1006	0.3433	63.66	50.75	0.56	1.70	10.65	36.34
2005	0.7869	0.4436	0.2932	0.0059	0.0209	0.1236	0.3433	56.37	37.26	0.75	2.66	15.70	43.63
2006	0.7722	0.4287	0.2832	0.0051	0.0252	0.1152	0.3436	55.51	36.67	0.66	3.26	14.92	44.49
2007	0.7853	0.4412	0.3167	0.0047	0.0289	0.0909	0.3440	56.19	40.33	0.59	3.68	11.58	43.81
2008	0.8594	0.5175	0.4176	0.0042	0.0370	0.0587	0.3419	60.22	48.59	0.49	4.30	6.83	39.78
2009	0.9554	0.6138	0.5390	0.0046	0.0385	0.0316	0.3416	64.24	56.42	0.48	4.03	3.31	35.76
2010	0.8083	0.4647	0.3760	0.0051	0.0405	0.0431	0.3436	57.49	46.52	0.63	5.01	5.34	42.51
2011	0.8087	0.4658	0.3870	0.0044	0.0368	0.0376	0.3429	57.60	47.86	0.54	4.55	4.65	42.40
2012	0.8764	0.5347	0.4669	0.0036	0.0371	0.0271	0.3417	61.01	53.27	0.41	4.24	3.09	38.99
2013	0.8783	0.5368	0.4678	0.0025	0.0442	0.0224	0.3415	61.12	53.26	0.28	5.03	2.55	38.88
2014	0.9350	0.5960	0.5455	0.0015	0.0308	0.0182	0.3390	63.74	58.34	0.16	3.29	1.95	36.26
2015	0.8286	0.4867	0.4299	0.0011	0.0348	0.0210	0.3419	58.74	51.88	0.13	4.20	2.53	41.26
2016	0.8340	0.4923	0.4405	0.0007	0.0312	0.0199	0.3417	59.03	52.81	0.09	3.74	2.39	40.97
2017	0.7371	0.3949	0.3339	0.0006	0.0322	0.0282	0.3422	53.57	45.29	0.09	4.36	3.83	46.43
2018	0.7282	0.3858	0.3191	0.0013	0.0360	0.0293	0.3424	52.98	43.81	0.19	4.95	4.03	47.02

　　表4-6和图4-6报告了评价内容视角下中国制度创新的泰尔指数分解及其贡献变动情况，与表4-3较为相似，制度创新差异呈现小幅下降趋势，从2003年的0.7913下降到2018年的0.7282。制度创新差异主要来源于制度内差异，它对总差异的贡献虽然从2003年的56.72%下降到2018年的52.98%，但仍处于主导地位，表明同制度安排在各地区之间的绩效差异是形成制度创新差异的主要原因所在。同时也应该看到，制度间的发展不协调对制度创新差异的影响呈增加趋势。

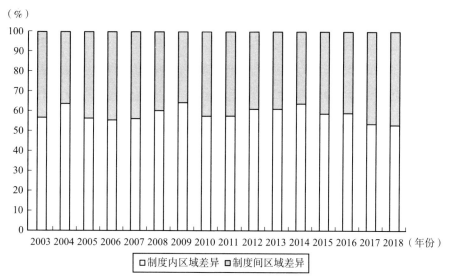

（％）

图4-6　制度内和制度间区域差异贡献对比

　　制度内差异中"放管服"改革对总差异的影响最显著，从2003年的41.35%"螺旋式"提高到2018年的43.81%。"放管服"改革是制度创新的重点，李克强总理曾指出："'放管服'改革实质是政府自我革命，要削手中的权、去部门的利、割自己的肉"[①]。所以"放管服"改革的难度最大，再加上各地区经济发展历程、市场监管能力不同，对待政府职能改革也有不同的认识，这导致各地区的"放管服"改革的

―――――――――――

　　① 李克强谈"放管服"改革：用政府权力减法换取市场活力乘法［EB/OL］. 中国政府网，2017-08-06.

方法、路径、效果也不同。就变动趋势而言，"放管服"改革内部的地区差异呈现"N"型阶段性变化特征：2003年党的十六届三中全会审议通过了《中共中央关于完善社会主义市场经济体制若干问题的决定》，重点强调加快转变政府职能，深化行政审批制度改革，切实把政府经济管理职能转到主要为市场主体服务和创造良好发展环境上来，吹响了"放管服"改革号角。在大的改革背景下，各地区均积极推进转变政府职能，所以2003~2007年"放管服"改革的区域差异不断缩小。2008年受全球金融危机的影响，各地政府相继出台多项以财政政策为主的经济刺激计划，"挤出效应"逐渐增加，因经济发展管控能力不一致，各地方政府在刺激经济发展中的推动方式、介入程度也不同，于是2008~2014年"放管服"改革的区域差异出现扩大现象，2014年对总差异的影响甚至达到58.34%①。2015年5月国务院召开全国推进政府职能转变工作电视电话会议，首次规范了"放管服"改革内容和要求，重点是发挥市场的决定性作用，减少对市场主体不必要的行政审批等行为，降低市场主体的运行成本，促进市场主体的活力和创新能力。随后，各地区规范了"放管服"改革的内容和路径，使得2015~2018年各地区"放管服"改革的区域差异呈现不断缩小的态势。

民营经济、市场活力制度内差异对总差异贡献较小。民营经济对总差异的贡献还呈现连续下降的趋势，从2003年的0.82%一直下降到2018年的0.19%。从历史角度分析这也是一个必然现象：中国的民营经济是从改革开放后的个体工商户起步，经历了"带帽"发展、"挂靠"发展、自我发展等阶段，在党的十五大上被正式认定为重要的市场经济主体。经过40多年的发展，各级政府已经充分认识到民营经济在就业、税收、市场流通、社会稳定等方面具有重要意义，各地已经形成了大力发展民营经济的共识，所以各地民营经济的差异呈现不断缩小的趋势。市场活力对制度创新区域差异的贡献虽然绝对值较小，但是总体呈现上升的趋势，从2003年的1.55%提高到2018年的4.95%，增长了近两倍。主要原

---

① 资料来源：《中国统计年鉴》（2015年）。

因是党的十八大以来，国家推动区域经济一体化发展，加快市场要素、生产资源一体化发展，例如，2015 年在《京津冀协同发展规划纲要》的指引下，京津冀地区在交通、生态环境保护、产业升级转移等重点领域推动一体化发展，构建京津冀协同发展的体制机制，加快公共服务一体化改革，推动区域市场快速发展，区域市场活力日益增强，板块效应逐渐显现，使得各区域的市场活力差异呈现扩大的现象。

对外开放维度对制度创新区域差异的贡献从 2003 年的 13% 下降到 2018 年的 4.03%，影响在显著降低，甚至已经低于市场活力的贡献，主要原因是 2008 年全球金融危机后，外贸对经济增长的贡献在不断下降，2008 年外贸进出口对中国经济增长的贡献为 2.6%，而 2018 年则下降到 −8.6%①，以外商企业投资额占比和进出口总额占比衡量的对外开放指数均出现不同程度的下降，也缩小了各地区对外开放之间的差异。此外，西方贸易保护主义和以美国为首的反华势力的兴起，对中国的出口产品设置各种贸易壁垒，也使泛大湾区、长三角地区、京津冀地区等传统的外贸重点区域的优势在不断缩小。

尽管制度内差异占主导地位，但是制度间的发展不协调也不容忽视，说明如何提高制度创新的协调发展，避免"一俊遮百丑"式的发展应引起关注。从变动趋势看，它对于总差异的贡献已经从 2003 年的 43.28% 提高到 2018 年的 47.02%，主要原因是经济较为发达的地区由于发展方式转型较快，高质量发展态势基本显现，各项指标出现了良性循环局面，例如，北京、上海、广东、天津、浙江等经济发展质量较高的省份在"放管服"改革、民营经济、市场活力、对外开放等方面也表现出较高的制度创新水平，而广西、宁夏、云南、河南、湖南、黑龙江等经济发展质量有待提高的省份制度创新也具有明显的短板：黑龙江、云南在民营经济、对外开放维度表现相对较差，河南的市场活力、对外开放需要补强，湖南、宁夏、广西在"放管服"改革、对外开放方面有待加强。

---

① 资料来源：《中国统计年鉴》（2019 年）。

4.3 基于 Dague 系数的区域差异分析

4.3.1 研究方法

Dagum 基尼系数常被用来测算区域差异，其优点是能够将区域差异分解为区域内差异、区域间差异和超变密度来源及贡献。其中超变密度是由于不同区域分组之间存在交叉重叠因素对总差异的影响。以本文为例，京津冀地区的创新指数总体高于黄河上游地区，但是并非京津冀地区所有省份均高于黄河上游地区，其主要原因在于地区分组造成的各省份指数高低参差不齐，从而相互交叉。Dagum 基尼系数计算公式如下：

$$G = \frac{\sum_{j=1}^{k} \sum_{h=1}^{k} \sum_{i=1}^{n_j} \sum_{r=1}^{n_h} |y_{ji} - y_{hr}|}{2n^2\overline{Y}} \tag{4-17}$$

G 为全国制度创新 Dagum 基尼系数，$\overline{Y}$ 为所有研究样本制度创新指数的均值，n 为样本数量；k 为区域组数量，本文为 8；y_{ji} 是 j 区域内 i 省的制度创新指数，y_{hr} 为 h 区域内 r 省的制度创新指数，$j \neq h$；n_j 和 n_h 分别为 j 区域、h 区域内任意省份的数量。G 可分解为：

$$G = G_w + G_b + G_t \tag{4-18}$$

$$G_w = \sum_{j=1}^{k} G_{jj} p_j s_j \tag{4-19}$$

$$G_{jj} = \frac{\sum_{i=1}^{n_j} \sum_{r=1}^{n_j} |y_{ji} - y_{jr}|}{n_j^2 2\overline{Y}_j} \tag{4-20}$$

$$G_b = \sum_{j=2}^{k} \sum_{h=1}^{j-1} G_{jh} (p_j s_h + p_h s_j) D_{jh} \tag{4-21}$$

$$G_{jh} = \frac{\sum_{i=1}^{n_j} \sum_{r=1}^{n_j} |y_{ji} - y_{jr}|}{n_j n_h (\overline{Y}_j + \overline{Y}_h)} \tag{4-22}$$

$$G_t = \sum_{j=2}^{k} \sum_{h=1}^{j-1} G_{jh}(p_j s_h + p_h s_j)(1 - D_{jh}) \qquad (4-23)$$

G_{jj} 为 j 区域的基尼系数，G_{jh} 为 j 区域和 h 区域之间的基尼系数，

$p_j = \dfrac{n_j}{n}$，$s_j = \dfrac{n_j \overline{Y}_j}{n \overline{Y}}$，$D_{jh}$ 为 j 区域和 h 区域之间制度创新的相对影响程度，

$D_{jh} = \dfrac{d_{jh} - p_{jh}}{d_{jh} + p_{jh}}$，对于连续的密度分布函数 $F_j(y)$ 和 $F_h(y)$，d_{jh} 和 p_{jh} 可通过下列公式计算：

$$d_{jh} = \int_0^{\infty} dF_j(y) \int_0^y (y-x) dF_h(x) \qquad (4-24)$$

$$p_{jh} = \int_0^{\infty} dF_j(y) \int_0^y (y-x) dF_j(x) \qquad (4-25)$$

d_{jh} 为 j 区域和 h 区域之间制度创新的指数的差，j 区域和 h 区域中所有 $y_{jh} > y_{hr}$ 的样本值总和的加权平均，p_{jh} 为超变一阶矩，是 j 区域和 h 区域之间制度创新，是 j 区域和 h 区域中所有 $y_{hr} < y_{ji}$ 的样本值总和的加权平均。

4.3.2 研究结果

1. 全国制度创新总体差异

表 4-7 和图 4-7 列示了 2003~2018 年全国制度创新 Dagum 基尼指数的动态变化情况，Dagum 基尼系数从 2003 年的 0.1493 提高到 2018 年的 0.1570，表明制度创新的区域差异略有扩大。从变动过程来看，全国制度创新区域差异呈现 "U" 型波动：2003~2012 年 Dagum 基尼系数呈现下降走势，从 2003 年的 0.1493 下降到 2009 年的 0.1158，平均每年下降 4.3%，说明区域差异总体缩小；2009~2012 年为底部，虽然 2010 年基尼系数出现上升，但总体保持相对较低的水平；2012~2018 年又出现快速上升趋势，从 2012 年的 0.115 上升到 2018 年的 0.157，平均每年提高 5.3%，说明区域差异总体扩大。究其原因，这主要是 2008 年受全球金融危机的影响，在 "稳增长、促就业" 的指导

思想下，国内各省份将经济增长放在首位，政府积极发挥财政政策的作用，扩大内需刺激经济，各省制度创新差异较小。自 2012 年党的十八大以来，中国实施全面深化改革，东部沿海地区由于市场化程度高、经济质量高、政府市场管理能力强等因素，改革成效显著；而东北、西部地区因经济结构不合理、经济下行压力大、政府市场管理能力低等原因，改革效果有待继续提高，于是制度创新空间非均衡性呈现扩大趋势。

表 4 - 7　　　　　　　全国制度创新区域差异 Dagum 分解结果

年份	Dagum 基尼系数	来源			贡献（%）		
		G_w	G_b	G_t	G_w	G_b	G_t
2003	0.1493	0.0133	0.1076	0.0284	8.89	72.06	19.06
2004	0.1741	0.0149	0.1216	0.0376	8.54	69.87	21.59
2005	0.1541	0.0117	0.1226	0.0198	7.62	79.53	12.85
2006	0.1544	0.0114	0.1251	0.0180	7.36	81.00	11.65
2007	0.1455	0.0112	0.1214	0.0129	7.68	83.43	8.88
2008	0.1555	0.0145	0.1150	0.0260	9.34	73.94	16.73
2009	0.1158	0.0097	0.0923	0.0138	8.41	79.67	11.92
2010	0.1375	0.0111	0.1076	0.0188	8.10	78.26	13.64
2011	0.1233	0.0097	0.0949	0.0187	7.90	76.94	15.15
2012	0.1150	0.0101	0.0939	0.0110	8.76	81.69	9.55
2013	0.1171	0.0103	0.0887	0.0181	8.83	75.74	15.43
2014	0.1251	0.0114	0.1013	0.0124	9.13	80.97	9.90
2015	0.1329	0.0119	0.1105	0.0105	8.97	83.15	7.87
2016	0.1433	0.0126	0.1148	0.0159	8.82	80.08	11.10
2017	0.1475	0.0123	0.1168	0.0185	8.31	79.15	12.54
2018	0.1570	0.0140	0.1236	0.0194	8.91	78.75	12.35
平均	0.1405	0.0119	0.1098	0.0187	8.47	78.39	13.14

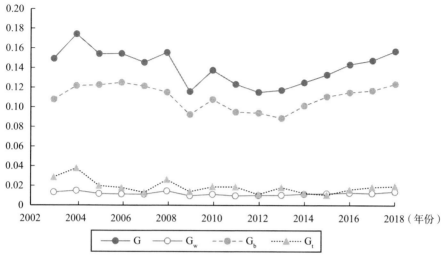

图4-7 全国制度创新 Dagum 基尼系数变动情况

2. 制度创新区域内差异

区域内制度差异如表4-8所示。

表4-8 基于 Dagum 基尼系数的分地区制度创新区域内差异

年份	东北地区	京津冀地区	黄河中下游地区	黄河上游地区	长江上游地区	长江中游地区	长三角地区	泛大湾区
2003	0.0800	0.1206	0.0963	0.0164	0.1097	0.0630	0.1385	0.1371
2004	0.0753	0.1284	0.1454	0.0682	0.1444	0.0457	0.1278	0.1571
2005	0.0640	0.1510	0.0887	0.0323	0.0975	0.0331	0.1270	0.1286
2006	0.0683	0.1538	0.0892	0.0372	0.0928	0.0235	0.1190	0.1224
2007	0.0614	0.1504	0.0753	0.0170	0.0798	0.0365	0.1152	0.1056
2008	0.1226	0.1129	0.0689	0.0468	0.0383	0.0844	0.1391	0.1068
2009	0.0400	0.1351	0.0782	0.0567	0.0668	0.0240	0.1146	0.0616
2010	0.0414	0.1987	0.0907	0.0294	0.0833	0.0326	0.1191	0.0784
2011	0.0196	0.1769	0.1078	0.0030	0.0606	0.0592	0.1115	0.0795
2012	0.0325	0.1684	0.0711	0.0229	0.0415	0.0703	0.1341	0.0541

年份	东北地区	京津冀地区	黄河中下游地区	黄河上游地区	长江上游地区	长江中游地区	长三角地区	泛大湾区
2013	0.0323	0.1823	0.0755	0.0215	0.0412	0.0739	0.1391	0.0659
2014	0.0296	0.1903	0.0662	0.0189	0.0227	0.0606	0.1955	0.0692
2015	0.0520	0.1698	0.0774	0.0449	0.0257	0.0475	0.1678	0.0822
2016	0.0485	0.2088	0.0551	0.0397	0.0390	0.0627	0.1554	0.0874
2017	0.0686	0.2239	0.0620	0.0414	0.0305	0.0296	0.1229	0.1204
2018	0.0706	0.2096	0.0661	0.0665	0.0519	0.0292	0.1216	0.1264
平均	0.0567	0.1676	0.0821	0.0414	0.0641	0.0485	0.1343	0.0989

根据表4-8，八大区域的区域内制度差异分别处于不同的水平，波动趋势也不尽相同。考察期内，京津冀地区和长三角地区区域内差异最大，京津冀地区主要原因是与北京、天津的制度创新水平相比，河北明显处于较低水平。研究周期内河北制度创新指数均值为5.71，分别是北京、天津的46%、68%。长三角地区主要是由于上海制度创新水平处于绝对高位，研究周期内上海制度创新指数为13.64，位居全国第一，分别是江苏、浙江的1.5倍和1.8倍。这也说明与长三角地区经济一体化相比，制度体系一体化相对滞后。

从变化趋势来看，除京津冀地区和长江上游地区区域内差异出现扩大趋势外，其他地区均呈现缩小的演化趋势。京津冀区域内差异从0.1206上升到0.2096，平均每年扩大3.8%，主要原因是北京、天津、河北三省市呈现了不同的发展态势：北京的制度创新指数从2003年的9.7提高到2018年的16.17，平均每年提高3.5%；河北的制度创新指数从2003年的5.3缓慢提高到2018年的6.2；而天津的制度创新指数几乎没有变化。京津冀地区内部的"马太效应"扩大了区域内差异，说明京津冀地区的制度协同能力有待提高，北京在经济带动的同时也应发挥制度创新的辐射带动作用。长三角地区区域内差异虽然缓慢缩小，但波动最大，呈现出"S"型变化：2003～2009年为缩小趋势，从2003

年的 0.1385 缩小到 2009 年的 0.1146；2009～2014 年为上升趋势，从 2009 年的 0.1146 扩大到 2014 年的 0.1955，此后又连续缩小到 2018 年的 0.1216。2009 年之后区域内差异扩大主要是由于全球金融危机对浙江的外向型经济冲击较大，而 2014 年之后的连续下降得益于长三角地区实施一体化战略，也说明上海发挥了制度创新的辐射带动作用。

3. 制度创新区域间差异

区域间制度差异如表 4 - 9 所示。

表 4 - 9　　　　　　　基于 Dagum 基尼系数的制度创新区域间差异

区域间	2003 年	2005 年	2007 年	2009 年	2011 年	2013 年	2015 年	2017 年	2018 年	均值
1～2	0.1729	0.0406	0.1405	0.1123	0.0586	0.1324	0.1344	0.0997	0.1201	0.1109
1～3	0.0927	0.1230	0.0694	0.0895	0.1115	0.0706	0.0946	0.1172	0.1276	0.1059
2～3	0.1255	0.1369	0.1066	0.0743	0.0727	0.0762	0.1004	0.0640	0.0832	0.0969
1～4	0.1121	0.0910	0.0863	0.0760	0.0904	0.0894	0.0945	0.1271	0.1185	0.1009
2～4	0.1761	0.0854	0.1547	0.1287	0.0513	0.0731	0.0749	0.0731	0.0745	0.1010
3～4	0.0752	0.1798	0.0674	0.1062	0.0531	0.0411	0.0748	0.0563	0.0733	0.0838
1～5	0.1028	0.0573	0.0759	0.0651	0.1033	0.0952	0.0927	0.1183	0.1385	0.0906
2～5	0.1591	0.0576	0.1203	0.0774	0.0775	0.0915	0.0677	0.0642	0.0826	0.0871
3～5	0.0704	0.1406	0.0510	0.0605	0.1002	0.0583	0.0653	0.0742	0.0614	0.0780
4～5	0.0958	0.0971	0.0845	0.0786	0.0862	0.0660	0.0412	0.0717	0.0686	0.0792
1～6	0.2395	0.2483	0.2821	0.2172	0.1621	0.1477	0.3007	0.2046	0.2383	0.2282
2～6	0.1680	0.2750	0.1841	0.1325	0.1809	0.2465	0.2006	0.2139	0.2677	0.2252
3～6	0.1966	0.1918	0.2491	0.1537	0.2453	0.1799	0.2357	0.2439	0.2714	0.2282
4～6	0.2526	0.3076	0.3045	0.2353	0.2300	0.1995	0.2165	0.2819	0.2670	0.2481
5～6	0.2321	0.2664	0.2573	0.1774	0.1994	0.1959	0.2161	0.2429	0.3011	0.2372
1～7	0.1015	0.0744	0.0754	0.0585	0.1069	0.1080	0.0627	0.1108	0.2090	0.1177
2～7	0.1639	0.0710	0.1451	0.1143	0.0641	0.0633	0.1008	0.0576	0.2451	0.1108
3～7	0.0704	0.1660	0.0574	0.0899	0.0633	0.0487	0.0773	0.0527	0.2554	0.1055

续表

区域间	2003 年	2005 年	2007 年	2009 年	2011 年	2013 年	2015 年	2017 年	2018 年	均值
4 ~ 7	0.0893	0.1008	0.0638	0.0624	0.0547	0.0431	0.0643	0.0381	0.2470	0.1006
5 ~ 7	0.0788	0.0864	0.0742	0.0563	0.0980	0.0710	0.0580	0.0660	0.2980	0.0998
6 ~ 7	0.2465	0.2942	0.3012	0.2274	0.2391	0.2231	0.2641	0.2597	0.1914	0.2571
1 ~ 8	0.2229	0.2040	0.2126	0.1664	0.1607	0.1603	0.2523	0.2388	0.1201	0.1770
2 ~ 8	0.1577	0.2171	0.1561	0.1212	0.1506	0.1909	0.1724	0.2472	0.0723	0.1716
3 ~ 8	0.1857	0.1682	0.1888	0.1299	0.1943	0.1561	0.2053	0.2632	0.0629	0.1721
4 ~ 8	0.2296	0.2495	0.2277	0.1814	0.1762	0.1641	0.1803	0.2835	0.0642	0.1859
5 ~ 8	0.2107	0.2136	0.1955	0.1346	0.1818	0.1743	0.1805	0.2668	0.0537	0.1739
6 ~ 8	0.1632	0.1689	0.1663	0.1465	0.1765	0.1943	0.1862	0.1999	0.2724	0.1919
7 ~ 8	0.2156	0.2385	0.2174	0.1634	0.1918	0.1701	0.2185	0.2693	0.2605	0.2174
均值	0.1574	0.1625	0.1541	0.1228	0.1314	0.1261	0.1440	0.1574	0.1659	0.1494

　　表4-9列示了不同区域之间主要年份制度创新差异，其中1、2、3、4、5、6、7、8分别代表东北地区、京津冀地区、黄河中下游地区、黄河上游地区、长江上游地区、长江中游地区、长三角地区、泛大湾区。可以看出，长江中游地区与其他区域之间的制度创新差异最大，主要原因就是该地区的制度创新指数较低；除了与长三角地区之间差异缩小外，长江中游地区与其他区域之间制度创新差异呈扩大趋势，特别是与京津冀地区之间的差异从2003年的0.1680上升到2018年的0.2677，平均每年扩大3.2%。从变化趋势来看，长三角地区与其他区域之间的制度创新差异扩大最明显，该地区与东北地区、京津冀地区、黄河中下游地区、黄河上游地区、长江上游地区之间差异平均每年扩大4.9%、2.7%、9%、7%、9.3%。一方面说明长三角制度创新效果明显，位居第一；另一方面也说明区域制度创新呈现越来越明显的板块特点，与长江中游之间的差异略有缩小，说明长三角地区向上游发挥了一定的辐射效应。

4. 制度创新来源及贡献

根据表 4 - 7,区域间差异是全国制度创新差异的主要来源,对总体差异的平均贡献率为 78.39%;超变密度来源次之,对总体差异的平均贡献率为 13.14%;区域内差异贡献最小,对总体差异的平均贡献率为 8.47%。从变动趋势来看,由于区域间差异来源从 2003 年 0.1076 扩大到 2018 年的 0.2123,且与总体差异一样均呈现"U"型走势:2003 ~ 2009 年为下降区间,2009 ~ 2012 年为谷底,2012 ~ 2018 年为上升区间。区域间差异来源对总体差异的贡献率总体也呈现提高趋势,从 2003 年 72.06% 提高到 2018 年 78.75%。超变密度来源从 2003 年的 0.0284 下降到 2018 年的 0.0194,贡献率从 2003 年的 19.06% 下降到 2018 年的 12.35%。区域内差异来源保持相对稳定,从 2003 年的 0.0133 提高到 2018 年的 0.0140,对总差异的贡献率 2018 年为 8.91%,与 2003 年的 8.89% 几乎没有变化。

4.3.3 制度创新分布动态演化

为了更好地描绘全国及各区域制度创新绝对差异的动态分布和演进轨迹,本书利用核密度估计的方法分析制度创新指数在全国和各区域内部分布的位置、态势、延展性及极化趋势。令 $f(x)$ 为制度创新指数 x 的密度函数:

$$f(x) = \frac{1}{Nh} \sum_{i=1}^{N} K\left(\frac{X_i - \bar{x}}{h}\right) \tag{4-26}$$

$$K(x) = \frac{1}{\sqrt{2\pi}} \exp\left(\frac{-x^2}{2}\right) \tag{4-27}$$

N 为区域样本的个数,X_i 为独立分布的观测值,$\bar{x}$ 为观测值的均值,h 为自定义带宽,$K(x)$ 为核函数。带宽 h 与核函数 $K(x)$ 的选取是影响核密度估计的两个重要因素,带宽 h 的大小影响核密度估计的精度,带宽 h 越小精度越高,因此,在实践中应当尽可能地设置带宽以减小估计误差。本书采用高斯函数来进行空间核密度估计。

全国及各区域制度创新绝对差异的动态分布和演进轨迹如图 4 – 8
所示。

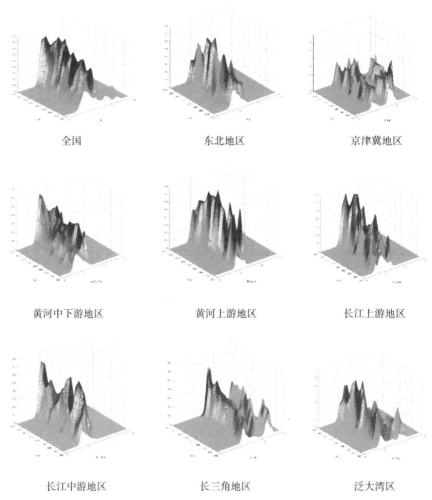

全国　　　　　　　东北地区　　　　　　京津冀地区

黄河中下游地区　　　黄河上游地区　　　　长江上游地区

长江中游地区　　　　长三角地区　　　　　泛大湾区

图 4 – 8　全国及各区域制度创新指数分布动态

1. 分布位置

全国制度创新指数分布曲线的主峰总体呈现向右移动，说明研究周
期内全国制度创新水平在不断提高。东北地区、京津冀地区、黄河中下
游地区、黄河中游地区、长江上游地区、长江中游地区、长三角地区的

总体变化与全国分布位置变化一致，也表明这些地区制度创新水平呈现总体上升态势。泛大湾区总体分布位置保持不变，说明研究周期内该地区制度创新水平稳定，变化较小。

2. 分布态势

全国制度创新指数分布曲线主峰高度波动较大，呈现倒"U"型趋势，2012 年前为上升趋势，之后下降，波峰宽度收窄，说明全国制度创新总体差异"先缩小后扩大"。东北地区、泛大湾区、黄河上游地区分布曲线主峰变化趋势与全国基本一致，但是东北地区、泛大湾区主峰总体上升，表明制度创新差异呈现缩小趋势；黄河上游地区主峰总体呈下降趋势，表明制度创新差异呈现扩大趋势。京津冀地区主峰分布曲线除个别年份外，总体呈现下降趋势，宽度变宽，表示该地区制度创新区域差异有扩大的现象。黄河中下游地区、长江上游地区、长三角地区主峰分布曲线总体呈现上升趋势，波峰宽度变宽，表示该地区制度创新区域差异总体缩小。长江中游地区主峰高度呈现"M"型波浪变化，反映出 2003 ~ 2006 年制度创新差异缩小，2006 ~ 2008 年又扩大，2008 ~ 2010 年再缩小，2010 ~ 2013 年又扩大，此后持续缩小。

3. 延展性

全国和各区域均呈现分布曲线右拖尾现象，但延展性差异较大。右拖尾说明每个区域均有制度创新水平相对较高的省份，如东北地区的辽宁、京津冀地区的北京、黄河中下游地区的陕西、黄河上游地区的甘肃、长江上游地区的重庆、长江中游地区的湖北、长三角地区的上海、泛大湾区的广东。全国、京津冀地区、黄河中下游地区、黄河上游地区、长江上游地区的延展拓宽，反映出这些地区内制度创新水平较高的省份发展较快，与本地区平均值的差距在扩大。而东北地区、泛大湾区的延展收窄，说明这两个地区内制度创新水平较高的省份发展缓慢，与本地区平均值的差距在缩小；长三角地区、长江中游地区的延展不变，表示该地区创新水平较高的省份与该地区平均值的差异维持原状。

4. 极化情况

全国制度创新分布曲线只有一个主峰,表明没有出现极化现象。东北地区、黄河中下游地区、黄河上游地区、长江上游地区、长江中游地区与全国分布曲线类似,只有一个主峰,该地区也没有出现区域极化现象。京津冀地区、长三角地区、泛大湾区分布曲线有多个主峰,表明该地区出现了多极化现象,这与本地区内各省份制度创新发展趋势分异有关。

全国及各区域制度创新指数分布曲线总体特征如表4-10所示。

表4-10　　　　全国及各区域制度创新指数分布曲线总体特征

区域	分布位置	分布形态	分布延展性	极化趋势
全国	右移	主峰先升后降,总体下降;宽度不变	右拖尾,延展拓宽	无极化
东北地区	右移	主峰先升后降,总体上升;宽度不变	右拖尾,延展收窄	无极化
京津冀地区	右移	主峰下降,宽度不变	右拖尾,延展拓宽	多极化
黄河中下游地区	右移	主峰上升,宽度变窄	右拖尾,延展拓宽	无极化
黄河上游地区	右移	主峰先升后降,总体下降;宽度不变	右拖尾,延展拓宽	无极化
长江上游地区	右移	主峰上升,宽度变窄	右拖尾,延展拓宽	无极化
长江中游地区	右移	主峰"W"型波动,总体上升;宽度不变	右拖尾,延展不变	无极化
长三角地区	右移	主峰上升,宽度变窄	右拖尾,延展不变	多极化
泛大湾区	不变	主峰先升后降,总体上升;宽度不变	右拖尾,延展收窄	多极化

4.4　本章小结

本书运用纵横向拉开档次法测度30个省份2003~2018年的制度创

新水平，分别引入泰尔指数和 Dagum 基尼系数研究区域差异。研究发现，中国制度创新指数总体呈现上升趋势，民营经济和市场活力是主要动因；在区域层面，长三角地区、京津冀地区、泛大湾区的制度创新水平较高；上海、北京、广东、江苏、天津位居省际前列。利用泰尔指数分别从区域和评价内容两个视角分析制度创新区域差异的变化规律及其驱动因素。从区域视角分析，制度创新的区域差异在研究周期内略有缩减，区域内部制度创新的不平衡是区域差异的主要因素；从制度内部视角分析，制度内差异是形成区域差异的关键因素，其中"放管服"改革效果的不均衡对总差异的影响最大。全国制度创新 Dagum 基尼指数呈现"U"型波动趋势，说明全国制度创新总体差异呈现先缩小后扩大趋势，总体略有扩大。区域间差异是区域差异的主要来源，平均贡献率为 78.39%，且其变动趋势直接影响了全国总体差异的变化；超变密度来源次之，区域内差异来源最小。制度创新区域间差异中，长江中游地区与其他区域之间的差异最大，其次是泛大湾区与其他区域之间的差异；长三角地区与其他区域之间的制度创新差异扩大最明显。在区域内差异中，京津冀地区区域内差异最大，其次是长三角地区，从变化趋势来看，京津冀地区和长江上游地区内部差异出现扩大趋势，其他地区均呈现缩小的演化趋势。

第 5 章

CHAPTER 5

基于全要素生产率的创新
驱动水平测度

上一章分析了中国制度创新现状，本章将引入全要素生产率理论，将创新驱动结果转化为多目标条件下的规划求解以测度创新水平，为探讨制度创新对创新驱动的影响提供现实基础。

5.1　研究方法

索罗（Solow）认为技术进步才是经济增长的最根本因素，技术进步包括"硬"技术进步、劳动者素质的提高、资源的配置和规模效率、管理水平、环境适应能力五部分，其中"硬"技术进步是指采用新设备、新工艺、新材料对老产品所进行的改造，可见，技术进步本质为生产效率的改善。所以不论测量方式如何不同，生产效率的变化可以看作是技术进步的变化，因为在投入没有增加的情况下产出发生了增加性变化。中国正面临发展和环境保护的双重压力，只有转变发展方式，从要素驱动转向效率驱动，才能实现可持续发展。因此本书从绿色全要素生产率视角来衡量创新驱动水平。效率通常有静态和动态之分，静态效率表示在某一时间内，各种生产要素能够带来的产出数量，其优点是易于理解，可视性强，便于比较分析，通过连续观察静态效率的变化，可以反映绿色发展转型过程，但缺点是难以用来比较从灰色经济到绿色经济的客观效果，特别是转折节点（陈诗一，2012），也无法判断效率变动对经济发展的贡献。而寻找一个企业、一个行业乃至一个国家的生产率增长来源一直以来都是经济学家所关注的核心问题（黄先海，2017）。此外，经济增长过程是生产要素积累和资源利用的改进或要素生产率增加的结果，生产要素积累强调数量增长，自然资源利用的改进或要素生产率增加才是经济增长质量的提高。如果经济增长源于效率改善，那么经济增长就是可持续的；如果经济增长源于资本形成，那么经济增长将会受到资源的约束，只有不断提高发展的效率，才能把发展的立足点转移到提高质量和效益上来，才能实现依靠科技进步、劳动者素质提高、管理创新驱动，走出一条绿色、可持续的发展道路。鉴于此，本书采用包含污染约束的全要素生产率变动来表征创新驱动水平。

本书引入 MEBM – Luenberger 生产率将创新驱动水平的增长（LTFP）分解为纯效率变动（LPEC）、纯技术进步（LPTP）、规模效率变动（LSEC）和技术规模变动（LTPSC），以便深入剖析制度创新对创新驱动的真实作用机制。LPEC > 0 说明技术效率增长，LPTP > 0 说明出现了技术进步，LSEC > 0 说明规模效率增加，LTPSC > 0 说明生产过程中偏离规模报酬不变（CRS）。反之，LPEC < 0 则说明技术效率下降，LPTP < 0 说明出现了技术退步，LSEC < 0 说明规模效率降低，LTPSC < 0 说明技术向规模报酬不变（CRS）靠近。库姆巴哈卡（Kumbhakar，2000）认为技术规模变动只是代表了生产技术偏离或靠近规模报酬不变的速度，无实质含义。

5.1.1 环境生产技术

根据法尔（Fare，2007）定义的环境技术（environmental technology），建立一个包括投入、期望产出（"好"产出）与非期望产出

（"坏"产出）的生产可能性集。假设某一个生产系统中有 n 个决策单元（decision making unit，DMU），使用 m 种要素投入，生产出 r_1 种期望产出，同时生产出 r_2 种非期望产出。投入向量 x、期望产出 y^g、非期望产出 y^b 对应的向量分别表示为 $x \in R_m$，$y^g \in R_{r_1}$，$y^b \in R_{r_2}$。定义 $X = (x_{ij}) \in R_{m \times n}$，$Y^g = (y_{ij}^b) \in R_{r_1 \times n}$，$Y^b = (y_{ij}^b) \in R_{r_2 \times n}$。假定 $X > 0$，$Y^g > 0$，$Y^b > 0$，包含非合意产出的生产技术模型可定义为：

$$P(x) = \left\{ (x, y^g, y^b) \mid x \geq X\lambda, y^g \geq Y^g\lambda, y^b \geq Y^b\lambda, \sum_{i-1}^{n} \lambda = 1, \lambda \geq 0 \right\}$$

$$(5-1)$$

其中，λ 为权重变量，且 $\lambda \geq 0$，$x \geq X\lambda$ 表示实际投入大于前沿投入水平，$y^g \geq Y^g\lambda$ 表示实际的期望产出低于前沿好的产出水平，$y^b \geq Y^b\lambda$ 表示实际的非期望产出大于前沿非期望产出。

5.1.2 MEBM 混合距离算法

效率的计算方法可分为径向的和非径向的，径向的计算方法在评价效率时要求投入或产出要素同比例变动，这与现实条件明显相悖。径向的计算方法还需要选择是基于投入导向还是基于产出导向来计算效率值，它不能同时考虑投入、产出两个方面，这将导致效率值的失真。此外，当存在投入过度或产出不足，即存在投入或产出的松弛变量时，径向评价方法会高估效率值，误导决策单元的效率评价。非径向计算方法由于包含了非径向的松弛变量，从而避免了要素投入同比例缩减和扩张的假设条件。但是这样的优化忽略了效率前沿投影值的原始比例信息。此外，非径向的计算方法采用线性规划方法，而线性规划方法自身的原因，当选择正值和零值的松弛变量，其计算结果差异非常明显。

为了弥补径向的和非径向的全要素生产率计算方法的缺点，托恩（Tone，2010）提出了一种新的混合模型 Epsilon-based-measure（EBM），EBM 模型将非径向和径向特点纳入统一框架。托恩（Tone，2010）定义 EBM 混合距离模型如下：

$$\gamma^* = \min_{\theta,\lambda,s^-} \theta - \varepsilon_x \sum_{i=1}^{m} \frac{w_i^- s_i^-}{x_{i0}}$$

$$\text{s. t.} \quad \theta x_{i0} - X\lambda + s^- = 0 \qquad\qquad (5-2)$$

$$Y\lambda \geqslant y_0$$

$$\lambda \geqslant 0, \quad s^- \geqslant 0$$

其中，γ^* 为最优效率值，θ 为径向模型计算的效率值，s_i^- 为第 i 个要素投入的投入松弛向量。w_i^- 为第 i 个要素投入的权重，$w^- = (w_1^- \cdots w_m^-)$，并且满足 $\sum_{i=1}^{m} w_i^- = 1 (w_i^- \geqslant 0, \forall i)$，$\varepsilon_x$ 为一个重要的参数，它包含了径向变动比例 θ 和非径向的松弛向量，且 w_i^- 和 ε_x 需要事先确定。从式（5-2）中 $\frac{w_i^- s_i^-}{x_{i0}}$ 项可以看出 $\frac{s_i^-}{x_{i0}}$ 为单位不变，所以 w_i^- 应被视为单位不变数值，反映了投入资源 i 的相对重要性。

命题 1：γ^* 满足 $0 \leqslant \gamma^* \leqslant 1$，$\gamma^*$ 为独立单元，且是固定单位值；

命题 2：如果令 $\varepsilon_x = 0$，式（5-2）则成为投入导向的 CCR 模型；

命题 3：如果令 $\varepsilon_x = 1$，且 $\theta = 1$，式（5-2）则成为投入导向的 SBM 模型，可以看出 EBM 模型是一个混合模型，是一个包含径向的 CCR 模型和非径向的 SBM 模型的特例，但其本质上还是非径向模型。

命题 4：ε_x 存在一个有限的最优值，$\varepsilon_x \in [0, 1]$；

命题 5：如果 $\varepsilon_x > 1$，则式（5-2）是无边界解；

命题 6：在 ε_x 中 γ^* 是非增长值；当 $\gamma^* = 1$ 时，定义 DMU_0 为 EBM 模型的投入效率值；定义 $DMU(x_0^*, y_0^*)$ 的投影如下：

$$x_0^* = X\lambda^* = \theta^* x_0 - s^{-*}$$

$$y_0^* = Y\lambda^* \qquad\qquad (5-3)$$

命题 7：$DMU(x_0^*, y_0^*)$ 的投影是 EBM 模型的投入效率。式（5-3）可写为：

$$\gamma^* = \min_{\theta,\lambda,s^-} (1 - \varepsilon_x)\theta + \varepsilon_x \sum_{i=1}^{m} \frac{w_i^- s_i^-}{x_{i0}}$$

$$\text{s. t. } x - X\lambda = 0 \qquad\qquad (5-4)$$

$$x = \theta x_0 - s^-$$

$$Y\lambda \geqslant y_0$$

$$\lambda \geqslant 0, \ s^- \geqslant 0$$

式（5-4）表明 γ^* 本质上可分为径向项 θ 和非径向项 $\sum\limits_{i=1}^{m} \dfrac{w_i^- s_i^-}{x_{i0}}$。

可以看出在 EBM 模型中 w_i^- 和 ε_x 是关键参数，为了确定 w_i^- 和 ε_x，托恩（Tone, 2010）首先构建了决策单元中不同要素投入之间的关联指数来代替 Pearson 相关系数。所有决策单元中要素投入 a 和要素投入 b 的关联指数 S(a, b) 有如下属性：

属性 1（同一性）：S(a, a) = 1，自身相关系数为 1；

属性 2（对称性）：S(a, b) = S(b, a)，计算的指数与两个指标的前后顺序无关；

属性 3（单位不变）：S(ta, b) = S(a, b)(t > 0)，数据的测量单位对于指标数据没有影响；

属性 4（区间性）：$0 \leqslant S(a, b) \leqslant 1$，计算的数据值在 0 ~ 1 之间。

托恩（Tone, 2010）提出先用两两计算离散指数，然后用离散指数计算关联指数

$$S(a, b) = 1 - 2D(a, b) \qquad\qquad (5-5)$$

D(a, b) 要素投入 a 和要素投入 b 离散指数，表示 a 和 b 的分散程度，被定义为：

$$D(a, b) = \begin{cases} \dfrac{\sum\limits_{j=1}^{n} |c_j - \bar{c}|}{n(c_{max} - c_{min})} & (\text{if } c_{max} > c_{min}) \\ 0 & (\text{if } c_{max} = c_{min}) \end{cases} \qquad (5-6)$$

其中，$c_j = \ln\dfrac{b_j}{a_j}$，$\bar{c} = \dfrac{1}{n}\sum\limits_{j=1}^{n}\ln\dfrac{b_j}{a_j}$，$c_{max} = \max(c_j)$，$c_{min} = \min(c_j)$

根据式（5-5）和式（5-6）可以形成关联指数矩阵 $S = [s_{ij}] \in R^{m \times m}(i, j = 1, \cdots, m)$，$0 \leqslant s_{ij} \leqslant 1(\forall(ij))$，可以求解出关联指数矩阵

S 的最大特征值 ρ_x 和最大特征向量 W_x，且 $1 \leqslant \rho_x \leqslant m$，$W_x \geqslant 0$。则：

$$\varepsilon_x = \begin{cases} \dfrac{m - \rho_x}{m - 1} & (\text{if } m > 1) \\ 0 & (\text{if } m = 1) \end{cases} \tag{5-7}$$

$$w^- = \frac{W_x}{\sum\limits_{i=1}^{m} W_{xi}} \tag{5-8}$$

将式（5-7）和式（5-8）代入式（5-3），可以得到 EBM 模型下的效率值。

成（Cheng，2014）认为托恩的 EBM 模型中有两个问题被忽视：一是变量 θ 和 φ 的取值范围没有界定，当 θ 失去约束条件时，利用投入导向 CRS（规模报酬不变）进行规划求解时，γ^* 有可能大于 1，无效决策单元投入指标的投影值有可能高于其原始值，会出现改进目标是"增加投入"的错误结论信息。同理，当 φ 失去约束条件时，在利用产出导向模型规划求解时，γ^* 有可能小于 1，无效决策单元的投入指标的投影值有可能低于其原始值，会出现改进目标是"减少产出"的错误结论信息。二是关联指数的计算方法与其建立关联指数的理论相悖，而采取 Pearson 相关系数计算的关联指数来构建 EBM 模型的参数更为适宜。由此，成（Cheng，2014）提出 MEBM 模型，即改进后的 EBM 模型：

$$\gamma^* = \min_{\theta,\lambda,s^-} \theta - \varepsilon_x \frac{1}{\sum\limits_{i=1}^{m} w_i^-} \sum_{i=1}^{m} \frac{w_i^- s_i^-}{x_{i0}}$$

$$\text{s. t. } \theta x_{i0} - X\lambda - s^- = 0 \tag{5-9}$$

$$Y\lambda \geqslant y_0$$

$$\lambda \geqslant 0, \quad s^- \geqslant 0, \quad \theta \leqslant 1$$

$$\gamma^* = \min_{\theta,\lambda,s^-} \frac{1}{\varphi + \varepsilon_x \dfrac{1}{\sum\limits_{i=1}^{q} w_i^+} \sum\limits_{i=1}^{q} \dfrac{w_i^+ s_i^+}{y_{i0}}}$$

$$\text{s. t. } Y\lambda \leqslant x_{i0} \tag{5-10}$$

$$Y\lambda - \varphi y_{i0} - s^+ = 0$$

$$\lambda \geqslant 0, \ s^- \geqslant 0, \ \varphi \geqslant 1$$

$$\gamma^* = \min_{\theta,\lambda,s^-} \frac{\theta - \varepsilon_x \cfrac{1}{\sum\limits_{i=1}^m w_i^-} \sum\limits_{i=1}^m \cfrac{w_i^- s_i^-}{x_{i0}}}{\varphi + \varepsilon_x \cfrac{1}{\sum\limits_{i=1}^q w_i^+} \sum\limits_{i=1}^q \cfrac{w_i^+ s_i^+}{y_{i0}}}$$

$$\text{s. t. } \theta x_{i0} - X\lambda + s^- = 0 \qquad (5-11)$$

$$Y\lambda - \varphi y_{i0} - s^+ = 0$$

$$\lambda \geqslant 0, \ s^- \geqslant 0, \ \varphi \geqslant 1, \ \theta \leqslant 1$$

式（5-9）、式（5-10）、式（5-11）分别是 MEBM 模型中的投入导向、产出导向和非导向场景。由于本文主要探讨相同投入条件下的产出效率，因此选择投入导向模型。而在计算两个指标的关联指数时采用如下公式：

$$S(a, b) = 0.5 + 0.5P(a, b) \qquad (5-12)$$

其中 P(a, b) 为两个指标的 Pearson 相关系数。

5.1.3　MEBM – Luenberger 生产率计算方法

与 Malmquist 生产率指数和 ML 指数相比，Luenberger 指数克服了被评价单元集之间可能存在的异质性，无须选择测量角度，且无须进行等比例变动；该分解模型是基于差值的分解方法，具有可加结构，能够考察总产出的变动情况，为实现全要素分解奠定基础。

$$\text{innovation (LTFP)} = \text{LPEC} + \text{LPTP} + \text{LSEC} + \text{LPSC} \qquad (5-13)$$

$$\text{LPEC}_t^{t+1} = \overrightarrow{s_v^t}(x^t, y^t; g) - \overrightarrow{s_v^{t+1}}(x^{t+1}, y^{t+1}; g) \qquad (5-14)$$

$$\text{LPTP}_t^{t+1} = \frac{1}{2}\{[\overrightarrow{s_v^{t+1}}(x^t, y^t; g) - \overrightarrow{s_v^t}(x^t, y^t; g)] + [\overrightarrow{s_v^{t+1}}(x^{t+1}, y^{t+1}; g)$$

$$- \overrightarrow{s_v^t}(x^{t+1}, y^{t+1}; g)]\} \qquad (5-15)$$

$$\text{LSEC}_t^{t+1} = [\overrightarrow{s_c^t}(x^t, y^t; g) - \overrightarrow{s_v^t}(x^t, y^t; g)] - [\overrightarrow{s_c^{t+1}}(x^{t+1}, y^{t+1}; g)$$

$$- \overrightarrow{s_v^{t+1}}(x^{t+1}, y^{t+1}; g)] \tag{5-16}$$

$$LTPSC_t^{t+1} = \frac{1}{2}\{[(\overrightarrow{s_c^{t+1}}(x^t, y^t; g) - \overrightarrow{s_v^{t+1}}(x^t, y^t; g)) - ((\overrightarrow{s_c^t}(x^t, y^t; g)$$

$$- \overrightarrow{s_v^t}(x^t, y^t; g))] + [(\overrightarrow{s_c^{t+1}}(x^{t+1}, y^{t+1}; g) - \overrightarrow{s_v^{t+1}}(x^{t+1}, y^{t+1}; g))$$

$$- (\overrightarrow{s_c^t}(x^{t+1}, y^{t+1}; g) - \overrightarrow{s_v^t}(x^{t+1}, y^{t+1}; g))]\} \tag{5-17}$$

$\overrightarrow{s_c^t}(x^t, y^t; g)$ 为规模报酬不变（CRS）假设条件下以 t 期观测值、t 期技术为参照的 MEBM 混合距离函数；$\overrightarrow{s_c^{t+1}}(x^t, y^t; g)$ 为规模报酬不变（CRS）假设条件下以 t 期观测值、t+1 期技术为参照的 MEBM 混合距离函数；$\overrightarrow{s_c^t}(x^{t+1}, y^{t+1}; g)$ 为规模报酬不变（CRS）假设条件下以 t+1 期观测值、t 期技术为参照的 MEBM 混合距离函数；$\overrightarrow{s_c^{t+1}}(x^{t+1}, y^{t+1}; g)$ 为规模报酬不变（CRS）假设条件下以 t+1 期观测值、t+1 期技术为参照的 MEBM 混合距离函数。与以上内容相对应的是 $\overrightarrow{s_v^t}(x^t, y^t; g)$ 为规模报酬可变（VRS）假设条件下以 t 期观测值、t 期技术为参照的 MEBM 混合距离函数；$\overrightarrow{s_v^{t+1}}(x^t, y^t; g)$ 为规模报酬可变（VRS）假设条件下以 t 期观测值、t+1 期技术为参照的 MEBM 混合距离函数；$\overrightarrow{s_v^t}(x^{t+1}, y^{t+1}; g)$ 为规模报酬可变（VRS）假设条件下以 t+1 期观测值、t 期技术为参照的 MEBM 混合距离函数；$\overrightarrow{s_v^{t+1}}(x^{t+1}, y^{t+1}; g)$ 为规模报酬可变（VRS）假设条件下以 t+1 期观测值、t+1 期技术为参照的 MEBM 混合距离函数。

5.2 指标选取

1. 投入指标

（1）资本存量。资本存量是衡量一个国家或地区物质资本变量的指标，永续盘存法是最常用的一种资本存量计算方法：

$$K_t = K_{t-1}(1-\delta) + I_t \tag{5-18}$$

其中，K_t 为本期资本存量，K_{t-1} 为上期资本存量，δ 为经济折旧率，I_t 为当年固定资产增加额。本书将 1952 年定为初始期，选择固定资本形成总额作为当年固定资产增加额 I_t，利用投资价格指数将每年固定资产增加额折算为1995 年的不变价，折旧率统一按照9.6% 计算。各项数据来源于《中国统计年鉴》《中国固定资产投资统计数典》。

（2）人力资本。本书将人力资本定义为劳动数量与质量的集合，如下：

$$Hr = lab \times edu \qquad (5-19)$$

$$edu = p_1 \times 15.5 + p_2 \times 12 + p_3 \times 9 + p_4 \times 6 \qquad (5-20)$$

Hr、lab、edu 分别为各省人力资本总量、从业人员、平均受教育年限；p_1、p_2、p_3、p_4 分别为大专以上学历人口比重、高中学历人口比重、初中学历人口比重、小学学历人口比重。各项数据来源于《中国统计年鉴》《中国人口统计年鉴》。

（3）能源投入。本书将能源投入指标区分为清洁能源和非清洁能源投入，清洁能源消耗量主要为天然气、电力能源（包括太阳能、风电、水电、地热能，核能发电等）。非清洁能源是除清洁能源之外的能源消耗总量。各项数据来源于《中国统计年鉴》《中国能源统计年鉴》。

2. "好"产出指标（合意产出或期望产出指标）

本书将 GDP 指标作为"好"产出指标，将其折算为1990 年的不变价格。数据来源于《中国统计年鉴》。

3. "坏"产出指标（非合意产出或非期望产出指标）

在衡量经济发展成就时，如果不考虑环境污染的影响，显然无法全面反映人类社会进步的真实成果（李政大，2014）。将环境污染与经济产出一起引入生产函数，不仅能够合理地拟合环境约束条件在生产过程中的制约作用，而且使得捕捉环境规制的真实经济效应成为可能（李政大，2018）。因此，需要先测度环境污染情况，发达国家上百年工业化过程中分阶段出现的环境问题在中国却是集中涌现，呈现出结构型、复合型、压缩型的特点，因此，单一维度的评价指标无法反映中国环境污染的全貌，需要构建全新的生态环境综合评价体系。

本书在测度环境污染情况时，引入强可持续发展理论，将环境吸收能力纳入评价体系，从环境建设、环境损害两个方面评价环境污染现状，充分展示人类生态文明建设成果，打通生态环境双向作用路径，使得环境存量非减性成为可能，也彰显出"五位一体"战略布局中生态文明建设的重要地位。有别于其他研究者只关注工业对生态环境的损害，本书将生活污染排放也纳入评价指标体系，生活废水排放量、生活垃圾清运量均反映了生活污染排放。由于大量不合理地使用化肥和农药，中国土壤污染有加剧的现象，导致土壤质量有下降与退化的趋势。中国粮食产量占世界的 16%，但是化肥用量占 31%，每公顷耕地的化肥用量是世界平均水平的 4 倍，过量的化肥会被水冲到地下，影响土壤质量。中国的农药用量高达 180 万吨，超过全球用量的 50%，但有效利用率不足 30%。过量的农药不仅会造成土壤污染，而且形成粮食、食品、瓜果、蔬菜等农产品药物残留，甚至增强了农作物病虫害的免疫能力。本书将化肥施用量、农药施用量纳入评价体系，以反映农业的污染情况。二氧化碳排放量指标由于中国并没有正式的官方统计数据，本书按照IPCC《国家温室气体排放清单指南》（2006 版）的方法采用能源消费量来计算二氧化碳排放量。本书构建的生态环境综合测度体系如表 5 - 1所示。

表 5 - 1　　　　　　　　　　生态环境综合测度体系

一级指标	二级指标	单位
环境建设	耕地面积	公顷
	城市绿地面积	公顷
	水资源总量	亿立方米
	林地面积	万公顷
	森林面积	万公顷
	湿地面积	千公顷

一级指标	二级指标	单位
环境损害	工业废水排放总量	万吨
	生活废水排放量	万吨
	工业废气排放量	亿立方米
	工业二氧化硫排放量	万吨
	工业固体废弃物产生量	万吨
	二氧化碳排放总量	亿吨
	生活垃圾清运量	万吨
	化肥施用量	万吨
	农药施用量	万吨

评价方法采用基于整体差异的纵横向拉开档次评价方法。本书依据表5-1分别计算出环境建设指数、环境损害指数，将环境综合指数定义为：

$$EI = EP \times (1 - EB) \quad\quad (5-21)$$

其中，EI 为环境综合指数，EP 为环境污染指数，EB 为环境建设指数。

5.3 研究结果

全国分地区创新驱动水平如表5-2、表5-3、表5-4、表5-5所示，限于篇幅仅列出主要年份数据。鉴于 LTPSC 无实质含义，本书未展示该部分数据。全国、各区域值为区域内各省的平均值。

表5-2　　　2004~2018年全国各地区创新驱动（LTFP）
情况（基期=2003）　　　　　单位：%

地区	2004年	2006年	2008年	2010年	2012年	2014年	2015年	2017年	2018年
安徽	0.05	0.11	0.13	0.16	0.08	0.15	0.15	0.21	0.24
北京	5.63	21.27	21.18	6.92	4.60	13.13	7.21	7.17	7.14
福建	0.12	0.06	0.24	0.01	-1.04	0.39	0.01	0.85	1.26

续表

地区	2004 年	2006 年	2008 年	2010 年	2012 年	2014 年	2015 年	2017 年	2018 年
甘肃	− 2.52	3.26	0.72	2.46	0.21	1.15	2.02	3.52	4.27
广东	0	0	0	0	0.08	0.24	0.10	0.07	0.06
广西	− 3.62	1.41	0.44	2.85	1.87	4.48	1.96	1.97	1.98
贵州	− 0.50	3.56	2.59	1.44	1.50	0.59	1.08	0.53	0.25
海南	− 12.94	− 2.84	− 0.70	− 1.34	1.93	1.33	0.02	− 3.35	− 5.04
河北	0.61	2.47	0.82	− 0.61	0.76	0.92	1.60	3.01	3.71
河南	− 0.88	4.03	− 0.08	2.17	0.21	3.78	3.68	3.92	4.04
黑龙江	− 3.69	5.33	1.32	9.11	4.73	6.72	1.38	1.81	2.02
湖北	− 0.74	− 4.06	1.89	4.83	2.35	1.35	3.13	0.92	− 0.18
湖南	− 2.13	5.12	− 8.00	3.77	0.07	9.98	6.48	1.80	− 0.54
吉林	3.57	6.94	0.62	5.94	6.83	8.62	1.84	1.43	1.23
江苏	0.08	− 4.14	4.15	6.16	3.77	5.94	5.86	3.40	2.16
江西	− 4.96	6.44	− 0.47	1.06	0	0.05	1.02	0.35	0.02
辽宁	1.20	0.09	0.74	0.10	0.05	0.07	0.01	− 0.09	− 0.15
内蒙古	1.11	6.14	2.83	1.76	− 0.34	− 0.04	− 0.72	1.55	2.69
宁夏	0.89	2.35	1.26	− 0.06	1.41	0.24	0.69	− 0.39	− 0.92
青海	− 2.67	2.83	2.93	1.68	2.96	− 0.33	− 0.12	− 0.89	− 1.27
山东	− 0.17	0.95	3.44	4.04	1.34	2.15	3.53	1.13	− 0.07
山西	1.93	2.40	2.75	0.10	1.05	0.81	0.59	0.04	− 0.23
陕西	2.31	3.62	0.99	4.33	2.21	2.07	2.09	− 1.51	− 3.31
上海	0.28	0.36	3.45	1.29	1.22	1.33	1.01	1.42	1.62
四川	− 4.26	4.37	2.10	1.95	1.76	5.32	0.87	2.20	2.86
天津	5.99	6.91	3.50	5.28	2.54	1.52	0.37	1.96	2.76
新疆	2.55	2.36	2.18	1.50	0.56	− 0.32	− 0.22	− 0.31	− 0.35
云南	0.28	0.12	1.14	0.24	0.03	1.24	0.19	0.52	0.69
浙江	0.37	1.24	3.23	3.19	3.12	4.14	6.97	3.55	1.85
重庆	9.61	− 4.97	3.96	4.71	2.71	3.75	1.27	4.56	6.20
全国	− 0.08	2.59	1.98	2.50	1.62	2.69	1.80	1.38	1.17
东北	0.36	4.12	0.89	5.05	3.87	5.14	1.08	1.05	1.03

续表

地区	2004 年	2006 年	2008 年	2010 年	2012 年	2014 年	2015 年	2017 年	2018 年
京津冀	5.63	9.84	8.98	5.60	2.22	5.37	3.22	3.24	3.26
黄河上游	-0.44	2.70	1.77	1.39	1.29	0.19	0.59	0.49	0.43
黄河中下游	0.72	2.86	1.65	2.07	0.75	1.46	1.53	0.86	0.52
长江上游	1.28	0.77	2.45	2.09	1.50	2.73	0.85	1.95	2.50
长江中游	-1.94	1.90	-1.61	2.46	0.63	2.88	2.69	0.82	-0.11
长三角	0.25	-0.85	3.61	3.54	2.70	3.80	4.61	2.79	1.88
泛大湾区	-4.11	-0.34	-0.01	0.38	0.71	1.61	0.52	-0.12	-0.44

表 5 – 3　　　2004～2018 年全国各地区创新驱动纯技术进步（LPTP）

情况（基期 = 2003）　　　　　　单位：%

地区	2004 年	2006 年	2008 年	2010 年	2012 年	2014 年	2015 年	2017 年	2018 年
安徽	0.15	0.17	0.12	0.17	0.14	0.10	0.15	0.21	0.24
北京	3.80	4.50	5.28	6.49	6.11	7.05	2.30	5.84	7.61
福建	0.12	0.05	0.08	0.02	0.04	0.14	0.03	0.80	1.19
甘肃	0.32	0.28	1.48	0.37	0.79	1.19	0.89	0.91	0.92
广东	0	0	0	0	0	0	0	0	0
广西	-0.13	0.03	0.05	1.63	0.09	2.41	3.71	3.37	3.20
贵州	0.74	0.25	0.47	0.56	0.01	0.18	0.17	0.79	1.10
海南	0.29	0.03	0.03	0.02	0.21	1.03	0.02	3.77	5.65
河北	-0.14	0.60	1.74	0.97	0.47	2.19	0.58	1.09	1.35
河南	-0.07	0.21	0.28	0.42	0.40	2.33	1.27	1.37	1.42
黑龙江	2.00	0.83	0.33	0.24	0.11	1.73	1.12	1.47	1.65
湖北	-0.07	0.09	0.14	0.13	0.09	1.48	1.12	0.90	0.79
湖南	-0.06	0.06	0.09	0.13	0.10	1.29	1.14	1.61	1.85
吉林	-0.16	0.16	1.06	1.00	1.66	2.33	1.62	1.33	1.19
江苏	-0.21	1.38	5.16	2.62	3.71	3.71	3.78	2.38	1.68
江西	0	0.09	0.10	1.04	0.01	0.03	0.93	0.34	0.05
辽宁	1.08	0.13	0.65	0.13	0.10	0.05	0.01	0	-0.01
内蒙古	0.45	2.18	2.05	0.56	2.28	2.09	0.87	0.76	0.71

续表

地区	2004 年	2006 年	2008 年	2010 年	2012 年	2014 年	2015 年	2017 年	2018 年
宁夏	0.70	1.13	1.00	0.25	1.22	1.00	0.44	0.08	-0.10
青海	0.37	1.18	1.04	0.34	1.55	1.40	0.55	0.30	0.18
山东	-0.30	3.33	0.49	1.60	0.48	1.30	1.64	0.53	-0.03
山西	1.46	1.52	1.72	0.63	1.33	1.02	1.22	0.20	-0.31
陕西	0.05	0.03	0.86	0.22	0.59	1.86	0.36	0.96	1.26
上海	0.21	0.34	2.97	1.31	1.24	1.17	0.88	1.22	1.39
四川	0.78	0.27	0.87	0.03	0.09	1.60	0.14	3.30	4.88
天津	1.59	1.76	1.20	0.93	1.02	0.76	0	1.13	1.70
新疆	2.33	1.91	2.11	0.70	2.27	1.67	1.05	0.41	0.09
云南	0.38	0.26	0.95	0.37	0.19	0.40	0.20	0.51	0.67
浙江	0.71	0.93	2.81	0.90	3.75	7.53	4.05	2.59	1.86
重庆	0.62	0.26	1.94	0.38	0.90	2.59	1.17	0.80	0.62
全国	0.57	0.80	1.24	0.81	1.03	1.72	1.05	1.30	1.43
东北	0.97	0.37	0.68	0.46	0.62	1.37	0.92	0.93	0.94
京津冀	3.80	2.29	2.35	2.95	2.25	3.06	1.75	2.70	3.18
黄河上游	0.93	1.13	1.41	0.42	1.46	1.32	0.73	0.43	0.27
黄河中下游	0.27	1.21	0.90	0.57	0.85	1.43	0.89	0.64	0.51
长江上游	0.63	0.26	1.06	0.34	0.30	1.19	0.42	1.35	1.82
长江中游	0.01	0.10	0.11	0.37	0.09	0.73	0.84	0.77	0.73
长三角	0.24	0.88	3.65	1.61	2.90	4.14	2.90	2.06	1.64
泛大湾区	0.07	0.03	0.04	0.42	0.09	0.90	0.94	1.99	2.51

表 5 - 4 　　2004 ~ 2018 年全国各地区创新驱动纯效率变动（LPEC）

情况（基期 = 2003）　　　　单位：%

地区	2004 年	2006 年	2008 年	2010 年	2012 年	2014 年	2015 年	2017 年	2018 年
安徽	0	0	0	0	0	0	0	0	0
北京	0	9.75	8.49	0.58	0.68	1.87	4.31	0	-2.16
福建	0	0	0	0	-0.73	0	0	0	0
甘肃	-2.10	4.71	-0.98	0.81	-0.62	-0.25	0.36	1.92	2.70

续表

地区	2004 年	2006 年	2008 年	2010 年	2012 年	2014 年	2015 年	2017 年	2018 年
广东	0	0	0	0	0	0	0	0	0
广西	-3.61	0.94	0.69	1.14	1.65	2.26	-1.77	-1.47	-1.32
贵州	-1.64	3.01	1.83	0.38	0.90	-0.07	0.74	-0.13	-0.57
海南	-3.47	0	0	0	0	0	0	-4.97	-7.46
河北	0.71	2.15	-0.83	-1.50	0.29	-1.25	0.89	1.79	2.24
河南	-0.65	2.66	0.32	1.79	-0.44	1.20	3.01	2.56	2.34
黑龙江	-6.00	4.79	0.90	8.48	4.28	4.03	0	0	0
湖北	0.11	-4.85	0.84	5.58	2.50	-0.63	1.39	0	-0.70
湖南	-2.17	6.33	-8.69	2.94	0.62	10.40	3.28	0	-1.64
吉林	3.72	6.28	-0.44	4.38	4.33	5.69	0	0	0
江苏	-0.80	-5.31	1.99	5.50	0	0	0	0	0
江西	-3.80	6.72	-0.11	0	0	0	0	0	0
辽宁	0	0	0	0	0	0	0	0	0
内蒙古	3.56	1.97	-0.19	-0.07	-3.47	-1.62	-0.44	0.26	0.61
宁夏	-2.01	2.18	-0.71	-3.84	-2.25	-2.72	-0.62	-1.40	-1.79
青海	-8.86	-0.23	0.80	-1.02	-1.22	-3.71	0.23	-1.72	-2.70
山东	2.70	-5.62	3.61	0	0	0	0	0.08	0.12
山西	0.02	0.19	0.61	-1.73	-0.76	-0.59	-1.08	-0.32	0.06
陕西	0.12	4.28	0.14	3.77	1.61	0.19	1.70	-1.72	-3.43
上海	0	0	0	0	0	0	0	0	0
四川	-2.99	2.06	0.70	2.06	1.61	3.78	0.70	1.19	1.44
天津	1.42	0	0	0	0	0	0	0	0
新疆	-0.24	-0.38	-0.62	-0.06	-2.79	-2.71	-2.13	-1.27	-0.84
云南	0	0	0	0	0	0	0	0	0
浙江	-0.04	-0.08	0.37	2.46	-0.73	-3.18	2.92	0.91	-0.09
重庆	6.74	-1.33	1.31	3.43	1.42	1.24	0.19	3.13	4.60
全国	-0.64	1.34	0.33	1.17	0.23	0.46	0.46	-0.04	-0.29
东北	-0.76	3.69	0.15	4.29	2.87	3.24	0	0	0
京津冀	0	3.54	2.81	0.92	0.08	0.71	1.02	0.03	-0.47

续表

地区	2004 年	2006 年	2008 年	2010 年	2012 年	2014 年	2015 年	2017 年	2018 年
黄河上游	- 3. 30	1. 57	- 0. 38	- 1. 03	- 1. 72	- 2. 35	- 0. 54	- 0. 62	- 0. 66
黄河中下游	0. 96	0. 58	0. 75	0. 63	- 0. 51	- 0. 14	0. 53	0. 14	- 0. 05
长江上游	0. 53	0. 94	0. 96	1. 47	0. 98	1. 24	0. 41	1. 05	1. 37
长江中游	- 1. 47	2. 05	- 1. 99	2. 13	0. 78	2. 44	1. 17	0	- 0. 58
长三角	- 0. 28	- 1. 80	0. 79	2. 65	- 0. 24	- 1. 06	0. 97	0. 30	- 0. 03
泛大湾区	- 1. 77	0. 24	0. 17	0. 29	0. 23	0. 57	- 0. 44	- 1. 61	- 2. 19

表 5 – 5   2004 ~ 2018 年全国各地区创新驱动规模效率变动（LSEC）

（基期 = 2003）   单位: %

地区	2004 年	2006 年	2008 年	2010 年	2012 年	2014 年	2015 年	2017 年	2018 年
安徽	0	0	0	0	0	0	0	0	0
北京	0	7. 21	8. 81	0. 64	- 1. 09	3. 66	0. 70	0	- 0. 35
福建	0	0	0	0	- 0. 38	0	0	0	0
甘肃	- 0. 38	- 1. 53	0. 93	1. 24	0. 61	- 0. 55	0. 87	0. 55	0. 39
广东	0	0	0	0	0	0	0	0	0
广西	0. 18	0. 43	- 0. 34	- 0. 02	0. 11	- 0. 10	0. 08	0. 22	0. 29
贵州	0. 15	0. 04	0. 01	0. 29	0. 49	0. 61	0. 29	- 0. 12	- 0. 33
海南	- 9. 79	- 2. 85	- 1. 84	- 4. 00	0	0	0	- 3. 96	- 5. 94
河北	0. 09	- 0. 14	- 0. 64	0. 32	- 0. 11	- 0. 23	0. 02	0. 32	0. 47
河南	- 0. 11	1. 35	- 0. 82	- 0. 31	0. 53	0. 12	- 0. 63	- 0. 42	- 0. 31
黑龙江	0. 46	- 0. 09	- 0. 19	0. 35	0. 36	1. 06	0	0	0
湖北	- 0. 65	0. 70	0. 89	- 1. 63	- 0. 25	1. 19	0. 70	0	- 0. 35
湖南	0. 04	- 1. 29	0. 61	0. 30	- 0. 55	- 1. 27	0. 65	0	- 0. 32
吉林	0. 08	0. 52	- 0. 05	0. 04	1. 18	0	0	0	0
江苏	1. 13	1. 17	- 0. 48	- 2. 12	- 0. 42	- 0. 60	1. 54	1. 74	1. 84
江西	- 1. 15	- 0. 37	- 0. 50	0	0	0	0	0	0
辽宁	0	0	0	0	0	0	0	- 0. 19	- 0. 29
内蒙古	- 2. 49	2. 72	- 1. 01	1. 41	0. 65	- 0. 13	- 1. 28	1. 48	2. 86
宁夏	1. 56	- 0. 84	- 0. 19	3. 08	2. 21	1. 50	0. 19	0. 48	0. 63

续表

地区	2004 年	2006 年	2008 年	2010 年	2012 年	2014 年	2015 年	2017 年	2018 年
青海	5.09	2.12	-0.44	1.83	2.38	1.57	-1.60	0.59	1.68
山东	-2.52	6.50	-1.94	2.26	-0.18	-1.92	1.10	-0.78	-1.72
山西	-0.07	1.08	-0.41	1.56	0.48	0.17	0.49	-0.19	-0.52
陕西	2.24	-0.70	0.16	0.34	0.33	-0.33	-0.17	-0.66	-0.90
上海	0	0	0	0	0	0	0	0	0
四川	-1.13	2.26	0.85	-0.15	-0.01	0.12	0.05	-0.03	-0.07
天津	0.10	4.20	-3.62	4.40	0	0	0	0	0
新疆	-0.20	1.37	-0.62	0.57	1.48	0.59	0.58	0.22	0.05
云南	0	0	0	0	0	0	0	0	0
浙江	-0.05	0.68	0.20	-0.02	0.23	-0.04	0.09	-0.21	-0.35
重庆	2.70	-4.16	1.11	1.04	0.71	-0.15	0.41	0.61	0.71
全国	-0.16	0.68	0.02	0.38	0.29	0.18	0.14	-0.01	-0.08
东北	0.18	0.14	-0.08	0.13	0.51	0.35	0	-0.06	-0.10
京津冀	0	2.43	2.95	1.68	-0.17	1.25	0.16	-0.03	-0.12
黄河上游	1.52	0.28	-0.08	1.68	1.67	0.78	0.01	0.46	0.69
黄河中下游	-0.49	1.82	-0.67	0.88	0.30	-0.35	-0.08	-0.09	-0.10
长江上游	0.43	-0.46	0.49	0.29	0.30	0.15	0.19	0.12	0.08
长江中游	-0.44	-0.24	0.25	-0.33	-0.20	-0.02	0.34	0	-0.17
长三角	0.36	0.62	-0.09	-0.72	-0.06	-0.22	0.54	0.51	0.49
泛大湾区	-2.40	-0.60	-0.54	-1.01	-0.07	-0.03	0.02	-0.94	-1.41

上述各表报告了全国各地区 2004～2018 年（基期 = 2003）创新驱动的 MEBM - Luenberger 指数（即创新驱动水平）及分解情况。从整体来看，2004～2018 年全国创新驱动水平的增长呈现持续上升趋势，从 2004 年的 -0.08%，提高到 2018 年的 1.17%。2004 年较低的主要原因是 1999 年之后国家出台了一系列扩大内需的政策以应对 1998 年亚洲金融危机影响，带动投资上升，资本存量增加。同时由于发展方式粗放，固定资产投入要素的增加带动能源消耗也大幅度上升，造成发展效率增长相对降低。随着中国向工业化进程的不断加快，根据霍夫曼定理，工

业化进程中重工业比重将不断提高：2000 年我国重工业占工业总产值的比重超过60%[①]，尤其是从 2002 年开始的新一轮经济增长中，钢铁、化工、金属冶炼等重工业的推动作用"功不可没"，这些行业本身就是高产值、高能耗、高污染的行业，拖累了创新驱动水平的增长。从 2006 年后，中国基本完成从原材料为主的重工业向装备制造为主的重工业过渡，投入要素增长趋缓，能源消耗趋稳，带动创新驱动水平 Lu-enberger 指数增长加快。

全国创新驱动水平及其分解变化趋势如图 5 - 1 所示。

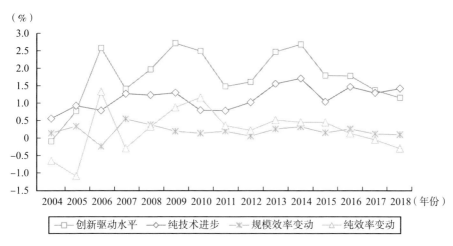

（%）

图 5 - 1　全国创新驱动水平及其分解变化趋势

就全国范围而言，研究周期内创新驱动水平增长率为 1.76%，其中纯技术进步、规模效率、纯效率变动分别为 1.15%、0.21%、0.24%。纯技术进步是影响创新驱动水平的主要动因，贡献率高达 65.3%。这也说明全国创新驱动的提升主要依靠引进新的生产技术推动全社会生产水平的提高；以纯效率变动反映的资源利用能力、生产管理能力的提高速度并没有生产技术更新那么快。规模效率对绿色效率增长的贡献也较低，反映出现有生产投入条件下，远未实

---

① 资料来源：作者根据《中国统计年鉴 2001》计算得出。

现规模经济，也说明产能过剩现象较为严重：以煤炭业为例，2012年底煤矿总产能约 39.6 亿吨，产能建设超前 3 亿吨左右[①]。从变化趋势看，研究周期内创新驱动水平整体呈倒"U"型，从 2004 年的 −0.08% 逐渐上升到 2014 年 2.69%，此后开始下降。纯效率变动趋势与整体变动趋势一致，而纯技术进步和规模效率变动趋势整体较为平缓。

就八大区域而言，研究周期内东北地区、京津冀地区、黄河上游地区、黄河中下游地区、长江上游地区、长江中游地区、长三角地区、泛大湾区创新驱动水平分别为 2.32%、4.52%、1.25%、1.18%、1.68%、1.01%、2.35%、0.61%。京津冀地区、长三角地区、东北地区的创新驱动水平较高。京津冀地区、长三角地区是全国的科技中心、经济中心，创新能力明显高于其他地区，由于经济发展较快，创新成果的转化速度也较快，提升创新驱动水平。东北地区是技术原因，本书采用全要生产率的变动来代表创新水平，东北地区人口少，投入少，而生态环境好则能够有效降低非合意产出。

东北地区创新驱动水平如图 5-2 所示。

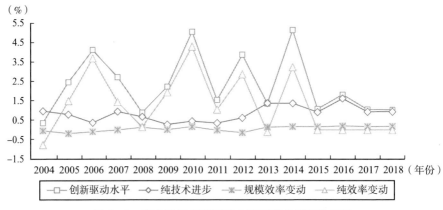

图 5-2　东北地区创新驱动水平及其分解变化趋势

---

① 武晓娟：七方面推进安全治本攻坚 ［N］. 中国能源报，2013 - 10 - 28.

研究周期内，东北地区创新驱动水平、纯技术进步、规模效率变动、纯效率变动的平均值为 2.32%、0.84%、0.06%、1.29%，与全国整体态势不同的是，东北地区纯效率变动成为推动创新驱动的主要因素，而纯技术进步的变动低于纯效率的变动。从整体变化趋势看，研究周期内东北地区创新驱动水平呈现起伏波动的趋势，但是到 2015 年后保持相对稳定，纯效率变动趋势与创新驱动水平整体变化趋势一致，纯技术进步和规模效率保持平稳。

京津冀地区创新驱动水平如图 5-3 所示。

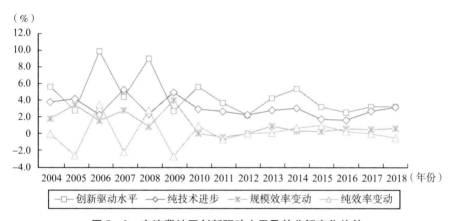

图 5-3　京津冀地区创新驱动水平及其分解变化趋势

研究周期内，京津冀地区创新驱动水平、纯技术进步、规模效率变动、纯效率变动的平均值为 4.52%、3.06%、1.18%、0.08%，纯技术进步是推动创新驱动的主要因素，说明创新驱动方式依靠技术引进，而代表管理、组织、制度创新等内生性的创新驱动仍然任重道远。从整体变化趋势看，研究周期内京津冀地区创新驱动水平呈现震动上升的趋势，但是到 2015 年后保持相对稳定，纯技术进步和规模效率保持平稳，其波动主要是受纯效率变动的影响，纯技术进步和规模效率变动相对平稳。

黄河上游地区创新驱动水平如图 5-4 所示。

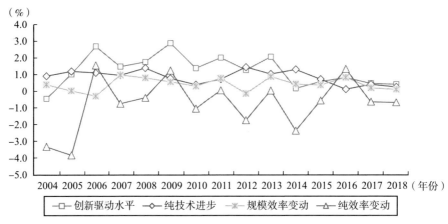

图 5 – 4　黄河上游地区创新驱动水平及其分解变化趋势

　　研究周期内，黄河上游地区创新驱动水平、纯技术进步、规模效率变动、纯效率变动的平均值为 1.25%、0.86%、0.43%、－0.72%，纯技术进步是推动创新驱动的主要因素。研究周期内黄河上游地区纯效率变动呈现下降趋势，主要原因是本书将生态环境纳入非合意产出，黄河上游地区生态环境相对较差，再加上该地区经济产出相对较低，最终导致纯效率下降，影响创新驱动水平。从整体变化趋势看，研究周期内黄河上游地区创新驱动水平呈现倒 "U" 型，2009 年后保持下降趋势，纯效率变动趋势与创新驱动水平整体变化趋势一致，纯技术进步和规模效率保持平稳，其波动主要是受纯效率变动和纯技术进步的共同影响，规模效率变动相对平稳。

　　黄河中下游地区创新驱动水平如图 5 – 5 所示。

　　研究周期内，黄河中下游地区创新驱动水平、纯技术进步、规模效率变动、纯效率变动的平均值为 1.18%、0.83%、0.11%、0.11%，纯技术进步是推动创新驱动的主要因素。与黄河上游地区相比，研究周期内黄河中下游地区是我国的能源集聚区，重工业比重较高，但是由于经济产出也相对较高，因此纯效率变动呈小幅上升趋势。从整体变化趋势看，研究周期内黄河中下游地区创新驱动水平呈现震动下降趋势，2010 年后保持下降趋势，2011 年之后纯效率变动、纯技术进步和规模效率变动趋势与创新驱动水平整体变化趋势一致。

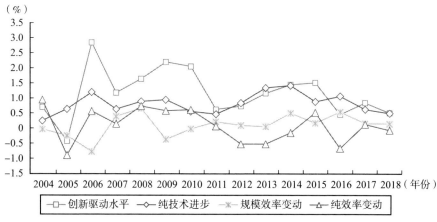

图 5 - 5　黄河中下游地区创新驱动水平及其分解变化趋势

长江上游地区创新驱动水平如图 5 - 6 所示。

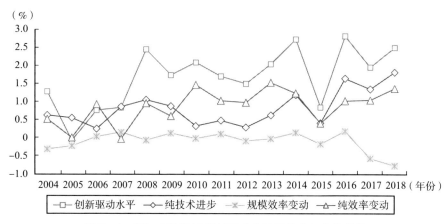

图 5 - 6　长江上游地区创新驱动水平及其分解变化趋势

研究周期内，长江上游地区创新驱动水平、纯技术进步、规模效率变动、纯效率变动的平均值为 1.68%、0.83%、-0.09%、0.87%，纯效率变动、纯技术进步均为推动创新驱动的主要因素。与东北地区相似，长江上游地区污染排放较少，生态建设较好，生态环境总体较好，作为非合意产出的生态污染下降有助于纯效率提升。从整体变化趋势看，研究周期内长江上游地区创新驱动水平呈现震动上升趋势，从

2008 年的 1.28% 上升到 2018 年的 2.5%，可以看出，纯技术进步、纯效率变动和创新驱动水平整体变动趋势一致，创新驱动水平整体变化受纯技术进步、纯效率变动影响较大。

长江中游地区创新驱动水平如图 5 – 7 所示。

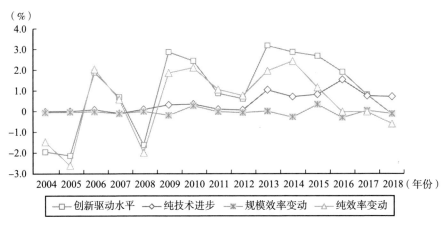

图 5 – 7　长江中游地区创新驱动水平及其分解变化趋势

研究周期内，长江中游地区创新驱动水平、纯技术进步、规模效率变动、纯效率变动的平均值为 1.01%、0.45%、– 0.02%、0.50%，纯效率变动、纯技术进步均为推动创新驱动的主要因素。与黄河中游地区相似，长江中游地区也是重工业地区，但是污染排放较少。从整体变化趋势看，研究周期内长江中游地区创新驱动水平呈现倒 "U" 型变化，从 2013 年逐年下降。可以看出，纯效率变动与创新驱动水平整体变动趋势一致，创新驱动水平整体变化是受纯效率变动影响较大。纯技术进步前期较为平稳，从 2012 年后逐渐上升，规模效率相对平稳。

长三角地区创新驱动水平如图 5 – 8 所示。

研究周期内，长三角地区创新驱动水平、纯技术进步、规模效率变动、纯效率变动的平均值为 2.35%、2.26%、– 0.06%、0.06%，纯技术进步对创新驱动的贡献处于绝对地位。与京津冀地区相似，纯效率变动明显较低，创新驱动的内生动力并不强劲。从整体变化趋势看，研究周期内长三角地区创新驱动水平呈现倒 "U" 型变化，从 2015 年逐年下降。可以看出，纯效率变动和纯技术进步共同影响创新驱动水平整体变动，2011 年之前，创新驱动水平整体变化是受纯效率变动影响较大；2011 年之后纯技术进步变动趋势与创新驱动水平整体变动几乎一致，纯技术进步是影响创新驱动水平整体变动的主要因素。

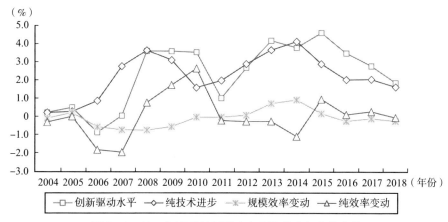

图 5 – 8　长三角地区创新驱动水平及其分解变化趋势

泛大湾区创新驱动水平如图 5 – 9 所示。

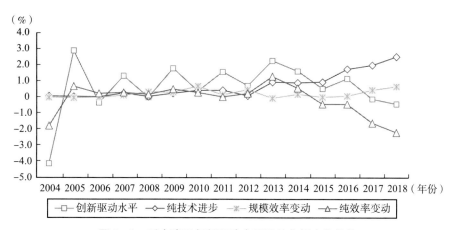

图 5 – 9　泛大湾区创新驱动水平及其分解变化趋势

研究周期内，泛大湾区创新驱动水平、纯技术进步、规模效率变动、纯效率变动的平均值为 0.61% 、0.71% 、0.22% 、 – 0.15% ，纯技术进步对创新驱动的贡献处于绝对地位。但是泛大湾区的纯效率变动呈现下降趋势，主要原因是泛大湾区的资本投入、人员投入相对较高，虽然经济总量也较高，但是研究周期内"好"产出的变化速度并不快，影响了纯效率的变动。从整体变化趋势看，研究周期内泛大湾区创新驱动水平呈现倒"U"型变化，从 2013 年逐年下降。可以看出，2013 年之前，纯效率变动、纯技术进步、规模效率均保持相对稳定，2013 年之后，纯效率变动下降是影响创新驱动水平整体变动的主要因素。

5.4 本章小结

本章引入全要素生产率理论测度创新驱动水平，首先基于强可持续发展理论将生态环境分为生态建设和生态损害，全面测度生态环境污染情况，并将其作为非合意产出与好产出纳入统一生产函数，不仅能够反映创新驱动的多目标规划求解结果，而且使得捕捉资源环境的制约效果成为可能。其次引入改进后的混合距离 MEBM – Luenberger 模型，将创新驱动水平的增长（LTFP）分解为纯效率变动（LPEC）、纯技术进步（LPTP）、规模效率变动（LSEC）和技术规模变动（LTPSC），以便深入剖析制度创新对创新驱动的真实作用机制。最后将全国分为东北地区、京津冀地区、黄河上游地区、黄河中下游地区、长江上游地区、长江中游地区、长三角地区、泛大湾区八个区域，分别测度不同区域的创新驱动水平，为后续研究奠定基础。就全国范围而言，研究周期内创新驱动水平平均值为 1.76%，其中纯技术进步（LPTP）、规模效率、纯效率变动分别为 1.15%、0.21%、0.24%。纯技术进步（LPTP）是影响创新驱动水平的主要动因，贡献率高达 65.3%。就八大区域而言，研究周期内东北地区、京津冀地区、黄河上游地区、黄河中下游地区、长江上游地区、长江中游地区、长三角地区、泛大湾区创新驱动水平分别为 2.32%、4.52%、1.25%、1.18%、1.68%、1.01%、2.35%、0.61%。京津冀地区、长三角地区、东北地区的创新驱动水平较高。京津冀地区、长三角地区是全国的科技中心、经济中心，创新能力明显高于其他地区，由于经济发展水平较高，创新成果的转化速度也较快，提升创新驱动水平。东北地区是技术原因，本书采用全要生产率的变动来代表创新水平，东北地区人口少、投入少，而生态环境好则能够有效降低非合意产出。

第 6 章

制度创新对创新驱动的作用机制

第 4 章和第 5 章分别测度了制度创新水平和创新驱动水平，本章将在此基础上，构建计量经济模型，检验制度创新对创新驱动影响和作用机制。

6.1 研 究 设 计

本书构建的模型如下：

$$\text{index} = C + \beta_1 \text{innovation} + \sum x_{i,t} + \delta \tag{6-1}$$

index 是制度创新指数，数据来源于上一章的研究结果。

innovation 是绿色全要素增长率的值，即上文计算 EBM - Luenberger 指数。

$\sum x_{i,t}$ 为一组控制变量，其中 inp 为经济结构中第二产业增加值的贡献，用来衡量产业转型的效果，计算时各年的第二产业增加值和 GDP 总值均平减为 1990 年的不变价格。fip 为固定资本形成率，即固定资本形成额占当年 GDP 比重，用以表示经济的发展方式。urp 为城镇化水平，利用城市常住人口占总常住人口的比例来表征。edup 为教育经费占 GDP 比重，用来判断教育投入水平。r&d 为研发投入占 GDP 比重，反映创新投入强度情况。eip 为环境治理投入占 GDP 比重，用来检验生态治理水平。为了避免内生性，本研究将完全外生的指标公路里程 road、人口规模 popu 也作为控制变量，为保证平稳这两项指标取对数。以上数据来源于《中国人口统计年鉴》《中国劳动年鉴》等各章数据。

δ 为随机扰动项。

6.2　检 验 结 果

制度创新的检验结果如表 6-1、表 6-2、表 6-3、表 6-4 所示。

表 6-1　　　　制度创新对创新驱动影响（LTFP）的检验结果

指数	被解释变量：LTFP						
	模型 1	模型 2	模型 3	模型 4	模型 5	模型 6	模型 7
iindex	0.237 *** (3.22)	0.237 *** (3.17)	0.197 ** (2.55)	0.190 ** (2.46)	0.190 ** (2.47)	0.211 ** (2.26)	0.261 *** (2.79)
fip		0.003 (0.03)	0.003 (0.29)	0.007 (0.76)	-0.003 (-0.03)	0.006 (0.05)	-0.020 (-1.38)
inp			-0.036 * (-1.86)	-0.051 ** (-2.29)	-0.053 ** (-2.36)	-0.054 ** (-2.40)	-0.047 ** (-2.09)
edup				-0.206 (-1.22)	-0.239 (-1.154)	-0.226 (-1.44)	-0.327 ** (-2.05)
eip					0.457 ** (2.18)	0.457 ** (2.18)	0.445 ** (2.13)
r&d						0.095 (0.42)	0.771 ** (2.33)
popu							-1.041 *** (-2.67)
region	控制	控制	控制	控制	控制	控制	控制

续表

指数	被解释变量：LTFP						
	模型 1	模型 2	模型 3	模型 4	模型 5	模型 6	模型 7
_cons	0.800 (1.06)	0.788 (0.85)	2.702 * (1.86)	3.79 ** (2.39)	4.314 *** (2.70)	3.131 (0.95)	5.009 (1.51)
R^2	0.316	0.311	0.041	0.165	0.113	0.133	0.247
Wald chi2（1）	16.70 ***	14.06 ***	17.18 ***	22.02 ***	26.93 ***	27.02 ***	34.71 ***
Davidson – MacKinnon （内生性检验）	6.46 **	5.816 **	4.685 **	4.994 **	6.086 **	6.047 **	5.688 **
工具变量	L2. iindex	L2. iindex	L2. iindex	L2. iindex	L2. iindex	L3. iindex	L2. iindex
Anderson LM （工具变量识别 不足检验）	7.981 ***	10.534 ***	10.643 ***	11.191 ***	11.244 ***	4.276 **	5.567 **
Cragg – Donald Wald F （弱工具变量检验）	8.113	10.579	10.459	11.379	11.405	4.243	5.531
模型类型	随机效应	随机效应	随机效应	随机效应	随机效应	随机效应	随机效应

注：***，**，* 分别表示变量在1%、5%和10%的水平上显著；固定效应模型括号内数字为 z 值，随机效应模型括号内为 t 值。

表 6 - 2　　制度创新对纯技术进步影响（LPTP）的检验结果

指数	被解释变量：LPTP						
	模型 1	模型 2	模型 3	模型 4	模型 5	模型 6	模型 7
iindex	0.286 *** (7.60)	0.286 *** (7.49)	0.251 *** (6.40)	0.247 *** (6.36)	0.246 *** (6.34)	0.312 ** (6.89)	0.327 *** (7.11)
fip		-0.001 (-0.10)	0.002 (0.29)	0.003 (0.53)	-0.005 (-0.45)	0.001 (0.02)	-0.009 (-1.26)
inp			-0.032 *** (-3.27)	-0.038 *** (-3.34)	-0.038 *** (-3.44)	-0.042 *** (-3.79)	-0.039 *** (-3.51)
edup				-0.078 (-1.01)	-0.101 (-1.31)	-0.068 (-0.87)	-0.104 ** (-1.32)
eip					0.031 *** (2.93)	0.305 *** (2.91)	0.302 *** (2.89)

续表

指数	被解释变量：LPTP						
	模型 1	模型 2	模型 3	模型 4	模型 5	模型 6	模型 7
r&d						0.290 *** (2.74)	0.559 *** (3.46)
popu							- 0.434 ** (- 2.24)
region	控制	控制	控制	控制	控制	控制	控制
_cons	- 0.701 * (1.84)	0.675 (1.46)	1.021 (1.48)	1.454 * (1.84)	1.829 ** (2.27)	- 1.876 (- 1.2)	- 0.883 (- 0.54)
R²	0.405	0.3937	0.2678	0.3099	0.2965	0.3985	0.4311
Wald chi2 （1）	65.68 ***	65.54 ***	77.66 ***	75.58 ***	88.41 ***	97.42 ***	102.77 ***
Davidson – MacKinnon （内生性检验）	7.687 ***	9.956 ***	7.744 ***	8.080 ***	10.025 ***	10.373 ***	9.930 ***
工具变量	L2. index	L2. index	L2. index	L2. index	L2. index	L3. index	L2. index
Anderson LM （工具变量识别不足检验）	9.517 ***	10.534 ***	10.459 ***	11.101 **	10.410 ***	4.425 ***	5.887 ***
Cragg – Donald Wald F （弱工具变量检验）	9.711	10.749	10.643	11.208	10.405	4.789	5.302
模型类型	随机效应	随机效应	随机效应	随机效应	随机效应	随机效应	随机效应

注：***，**，*分别表示变量在1%、5%和10%的水平上显著；固定效应模型括号内数字为z值，随机效应模型括号内为t值。

表6 – 3　制度创新对纯效率变动影响（LSEC）的检验结果

指数	被解释变量：LSEC						
	模型 1	模型 2	模型 3	模型 4	模型 5	模型 6	模型 7
iindex	0.000 (0.02)	0.002 (0.05)	0.016 (0.37)	0.012 (0.28)	0.012 (0.28)	- 0.052 (- 1.03)	- 0.038 (- 0.75)
fip		0.001 (0.21)	0.000 (0.04)	0.003 (0.47)	0.002 (0.30)	0.000 (0.01)	- 0.009 (- 1.22)

续表

指数	被解释变量：LSEC						
	模型 1	模型 2	模型 3	模型 4	模型 5	模型 6	模型 7
inp			0.013 (1.23)	0.004 (0.33)	0.004 (0.32)	0.007 (0.58)	0.011 (0.85)
edup				-0.125 (-1.47)	-0.130 (-1.51)	-0.170 (-1.95)	-0.203 ** (-2.30)
eip					0.055 (0.46)	0.060 (0.51)	0.058 (0.49)
r&d						-0.290 ** (-2.50)	-0.020 (-0.11)
popu							-0.447 ** (-2.07)
region	控制	控制	控制	控制	控制	控制	控制
_cons	-0.051 * (-0.12)	-0.111 (-0.22)	-0.143 (-0.16)	1.454 * (1.84)	-0.082 (-0.09)	3.614 ** (2.09)	4.692 *** (2.61)
R^2	0.0024	0.033	0.0893	0.0132	0.0113	0.1915	0.0813
Wald chi2 (1)	0.99	1.03	2.54	4.70	4.59	11.23	15.6 *
Davidson – MacKinnon （内生性检验）							
工具变量							
Anderson LM （工具变量识别不足 检验）							
Cragg – Donald Wald F （弱工具变量检验）							
模型类型	随机效应	随机效应	随机效应	随机效应	随机效应	随机效应	随机效应

注：***，**，* 分别表示变量在 1%、5% 和 10% 的水平上显著；固定效应模型括号内数字为 z 值，随机效应模型括号内为 t 值。

表 6 – 4 　　　　　制度创新对规模效率（LPEC）的检验结果

指数	被解释变量：LPEC						
	模型 1	模型 2	模型 3	模型 4	模型 5	模型 6	模型 7
iindex	0. 114 (0. 70)	0. 108 (0. 68)	0. 111 (0. 68)	0. 093 (0. 57)	0. 093 (0. 57)	0. 062 (0. 38)	0. 063 (0. 38)
fip		– 0. 114 (– 1. 35)	– 0. 011 (– 1. 13)	– 0. 009 (– 1. 01)	– 0. 012 (– 1. 28)	– 0. 006 (– 0. 63)	– 0. 00 (– 0. 07)
inp			– 0. 003 (– 0. 17)	– 0. 009 (– 0. 52)	– 0. 010 (– 0. 53)	– 0. 018 (– 0. 95)	– 0. 019 (– 1. 05)
edup				– 0. 095 (– 0. 76)	– 0. 103 (– 0. 81)	– 0. 071 (– 0. 53)	– 0. 051 (– 1. 39)
eip					0. 156 (0. 92)	0. 153 (0. 91)	0. 154 (0. 92)
r&d						0. 400 ** (2. 12)	0. 240 (0. 86)
popu							0. 256 (0. 80)
region	控制	控制	控制	控制	控制	控制	控制
_cons	1. 761 *** (2. 88)	2. 351 *** (3. 13)	2. 507 ** (2. 24)	2. 99 ** (2. 33)	3. 16 ** (2. 44)	– 1. 890 (– 0. 70)	– 2. 457 (– 0. 89)
R^2	0. 067	0. 1256	0. 134	0. 054	0. 079	0. 0673	0. 067
Wald chi2（1）	6. 42 **	8. 27 **	8. 36 **	8. 96 **	9. 9 **	14. 58 **	15. 3 *
Davidson – MacKinnon （内生性检验）							
工具变量							
Anderson LM （工具变量识别不足 检验）							
Cragg – Donald Wald F （弱工具变量检验）							
模型类型	随机效应	随机效应	随机效应	随机效应	随机效应	随机效应	随机效应

　　注：*** ，** ，* 分别表示变量在 1% 、5% 和 10% 的水平上显著；固定效应模型括号内数字为 z 值，随机效应模型括号内为 t 值。

表 6 - 1 展示了制度创新对创新驱动水平（绿色全要素增长率）的检验结果，模型 1 ~ 模型 7 中均显示制度创新均通过显著性检验，说明制度创新对于创新驱动具有明显的正向促进作用，制度创新指数越高，创新驱动水平越高。这从实证上解释和验证了第 2 章中的结果，即制度创新有助于创新驱动，当制度创新和技术创新共同作用时，创新驱动的效果更佳。加快"放管服"改革，增强非公有制经济的活力、破除市场交易壁垒、增强市场活力、扩大开放水平等都将有助于提高创新驱动水平。

本书的研究结果与毛伟（2020）、王希元（2020）的研究结果相似。毛伟的研究显示，无论从技术创新投入视角还是产出视角，制度质量都能通过提高技术创新水平间接促进经济增长，并且贡献度达到了50% 左右。王希元的研究结果表明，当市场化程度高于高门槛时，创新投入驱动产业结构升级的效应增强。因此，市场化程度对创新驱动产业升级的作用并不是非此即彼，加速市场化进程和加大政府创新扶持均会产生显著促进作用，市场化程度越高，创新投入增加越有利于促进产业结构升级；而促进技术市场发育和加强知识产权保护对创新驱动产业结构升级有显著促进作用。

从宏观角度分析，制度质量提高既能有效提高创新投入，也能有效提高创新产出，在制度变革促进经济增长的过程中起着显著的中介作用。改革开放后，中国引入各种先进的生产技术和管理秩序，充分利用劳动力资源的低成本优势，通过市场化改革和外向型经济发展战略，实现了经济的高速增长，并成为世界产业分工格局中的重要力量。但是这一切都建立在制度创新的基础上，改革开放是最大的制度创新，而建立市场经济体系、实施科教兴国等制度安排，保证了创新驱动的实施效果。

从微观角度分析，创新驱动的效果也可以理解为是包括创新要素配置、创新产品交易、创新技术扩散、创新企业成长、创新成果产业化的动态演化过程（王希元，2020）。制度创新通过建立市场经济体系，提高市场在资源配置中的决定性地位，提高生产和交易的市场化程度使得市场信号和价格机制对创新驱动的演化过程的影响也就越大。一是市场化的信号机制和价格机制导致微观企业的市场竞争加剧，而产业更替、产品更迭对创新驱动的依赖日益提高，进而加快技术创新步伐；二是市场化的信号机制和价格机制有利于企业依据生产要素价格变化开展多元化创新（高帆，2017），资本、人才等要素易于向创新项目集聚，提高了创新驱动的效果；三是市场化的信号机制和价格机制促进了技术交易活动，加快了先进生产技术的研发、推广；四是市场化的信号机制和价格机制减少了市场中"寻租"活动，促进企业家精神的培育。

表 6-2、表 6-3 和表 6-4 展示了制度创新对创新驱动的分解项的检验结果，可以看出只有纯技术进步（LPTP）通过了显著性检验，而其他分解项并没有通过显著性检验，说明制度创新对创新驱动的影响主要体现在推动技术进步上。而制度创新对纯效率变动和规模效率并没有产生影响，原因可能如下。

从管理体制上分析，地方政府的负责人为了能在竞争的排名中取得较好位置，往往会关注经济规模和 GDP 发展速度。这从中国的能源消耗上也得到印证：2005 年中国的经济总量占全球的 4.95%，但消耗的能源总量却占到 14.64%；到 2018 年这种现象依旧没有改观，中国经济总量占全球的比例上升到 15.67%，但当年中国能源消费量占全球的 25% 左右。2005~2018 年十多年间中国能源消耗量年均增长率为 5.3%，远高于全球 1.8% 的平均值。[①] 于是"技术引进"这种拿来主义因为其时间短、见效快，往往更容易得到地方政府领导的青睐，于是制度创新对于技术的影响更明显。

从模型方法层面分析，纯效率变动反映各决策单元向生产可能性边界的追赶程度，是生产技能提高、生产经验积累、管理机制和体制创新等带来的产出增加，也可以理解为生产技术、投入组合不变的情况下，由于资源使用效率提高而带来的额外产出，是全要素生产率最核心的内

---

① 资料来源：经济数据作者根据国家统计局和世界银行公布的数据计算得出；能源消费数据根据国家统计局和国际能源署（IEA）公布的数据计算得出。

容。由于需要多要素、多区域、多部分的相互联系、相互融合、渗透、协同、演化和相互促进，其本身就是一项较为复杂的系统工程，因此其改善相对较慢。此外，为了避免出现线性规划无解的现象，本书采用序列 DEA 算法，假设不会出现技术退步，即每一年的生产技术由当期及之前所有可得的投入产出值决定。因此，也从算法上有利于技术进步的影响。

纯效率变动对经济增长贡献明显处于低位，说明剔除技术进步因素，资源利用能力、生产管理能力并没有得到实质性提高；规模效率对经济增长的贡献也较低，反映出现有生产投入条件下，远未实现规模经济，说明产能过剩现象较为严重：以煤炭业为例，2005～2012 年全国煤炭业固定资产投资完成 2.25 万亿元，累计新增煤炭产能约 20 亿吨，2012 年底煤矿总产能约 39.6 亿吨，产能建设超前 3 亿吨左右[①]。

6.3 稳健性检验

6.3.1 替换解释变量计量方法

在基础检验中，本书使用 MEBM - Luenberger 指数计算创新驱动，为了保障模型的稳定性和可靠性，将创新驱动的计算方法替换为 SBM - Luenberger 指数。在生产率的分析研究中，非合意产出的处理是影响分析结果的重要因素。对于非合意产生的处理方法主要有曲线产出效率度量法、投入法和投入倒数法、非期望产出的线性变换法、方向性距离函数法，这些方法本质上都属于 DEA 模型中的径向（radial）及产出角度（output-oriented）的度量方法，不能充分考虑到投入产出的松弛性问

---

① 资料来源：经济数据作者根据国家统计局和世界银行公布的数据计算得出；能源消费数据根据国家统计局和国际能源署（IEA）公布的数据计算得出。

题，度量的效率值也因此是有偏的。非角度的 SBM 方向性距离函数计算公式如下：

$$\rho^* = \min \frac{1 - \left| \dfrac{1}{n} \right| \sum\limits_{i=1}^{n} s_i^- / x_{i,0}}{1 + \dfrac{1}{s_1 + s_2} \left| \sum\limits_{r=1}^{s_1} s_r^g / y_{m,0}^g + \sum\limits_{r=1}^{s_2} s_r^b / y_{m,0}^b \right|}$$

$$\text{s. t. } x_0 = X\lambda + s^- \tag{6-2}$$
$$y_0^g = Y^g \lambda - s^g$$
$$y_0^b = Y^b \lambda + s^b$$
$$y_0^b = Y^b \lambda + s^b$$
$$\lambda, \ s^-, \ s^g, \ s^b \geqslant 0$$

s^g，s^b 分别表示期望产出和非期望产出，目标函数是关于 s^-，s^g，s^b 严格递减的，并且 $0 \leqslant \rho^* \leqslant 1$，对于特定的评价单元，当且仅当 $\rho^* = 1$，$s^- = 0$，$s^g = 0$，$s^b = 0$ 时是有效率的，若 $\rho^* < 1$，说明评价单元为无效率，存在着投入产出改进的必要性。从目标函数的表达式看，将冗余占投入的比例作分子，亏空占产出的比例作分母，这样将以上非线性规划转换成线性规划，就可以使投入尽可能减少的同时，产出尽可能扩大。与传统的 CCR 和 BCC 模型相比，SBM 模型把松弛变量直接放入目标函数中，既解决了投入/产出的松弛问题，也解决了考虑非期望产出的效率评价问题。同时，SBM 模型属于 DEA 模型中非径向和非角度评价方法的一种，能够有效避免径向和角度选择差异带来的偏差和影响，因而更能体现效率评价的内涵。通过该模型就可以测度评价单元在实现最大产出扩张、最低污染物排放下的效率问题，其结果可能更符合能源—环境系统的内在作用机理。

基于 SBM - Luenberger 指数的制度创新对创新驱动影响检验结果见表 6-5。可以看出，可以看出只有全要素生产率增长率（LTFP）、纯技术进步（LPTP）通过了显著性检验，而纯效率变动、规模效率并没有通过显著性检验，与前文研究结果一致。

表 6 – 5 基于 SBM – Luenberger 指数的制度创新对
创新驱动影响（LTFP）检验结果

变量	LTFP	LPTP	LSEC	LPEC
index	0.427 ** (2.22)	0116 *** (2.87)	0.188 (1.55)	0.411 (2.46)
控制变量	控制	控制	控制	控制
R²	0.214	0.263	0.127	0.201
模型类型	随机效应	随机效应	随机效应	随机效应

注：***，** 分别表示变量在1%、5%的水平上显著；固定效应模型括号内数字为 z 值，随机效应模型括号内为 t 值。

6.3.2 内生性检验

在内生性检验中，本书首先采用 Davidson – MacKinnon 检验（DMtest）来检验模型中是否存在内生性问题，该检验的原假设是内生性问题对 OLS 的估计结果影响不明显。对于拒绝原假设的检验结果说明模型具有内生性问题，当使用滞后二期或滞后三期的工具变量后内生性消失。这是因为虽然解释变量的当期值与干扰项可能存在相关性，但其滞后项却不会与当期干扰项相关。为了确保工具变量的合理性，本书采用 LM 统计量来检验工具变量的使用是否存在识别不足问题，该检验的原假设是工具变量与内生变量中最小的典型相关系数为零；拒绝原假设，则表明模型设定不存在识别不足问题，即工具变量与内生变量之间的相关性是足够强的。采用 Cragg – Donald F 统计量检验模型来检验是否存在弱工具变量问题，该检验的原假设是工具变量与内生变量有较强的相关性。本书的检验结果说明各模型不存在识别不足和弱工具变量问题。

6.4 本章小结

本章首先以绿色全要素生产率的增长率来表征创新驱动效果，其次构建 MEBM – Luenberger 模型，测度 2004～2018 年（基期 = 2003）创新驱动效果。在此基础上，构建计量经济学检验模型，实证检验制度创新对创新驱动的促进效果和作用机制。研究显示，制度创新对于创新驱动具有显著的正向促进作用，进一步分析制度创新是通过影响纯技术进步进而影响创新驱动能力，其对于纯效率变动、规模效率的影响并不显著，说明制度创新对规模经济、单位生产率的改善有待提高。

第 7 章

研究结论和政策建议

7.1 研 究 结 论

（1）本书构建环境束缚、资源约束下的经济内生增长模型，推导科技创新驱动、双轮驱动模式下经济可持续发展的作用机理、实现条件，并模拟检验、对比分析不同模式下可持续发展的效果。模拟检验结果显示，以科技创新、制度创新为动力的双轮驱动中国可持续发展稳态增长率平均为 5.72%，而以科技创新为动力的中国经济可持续发展稳态增长率平均值为 4.94%，制度创新对中国可持续发展的平均贡献率为 16.48%。双轮驱动的经济发展方式具有其内在的科学性、合理性和必然性。

（2）本书构建包括"放管服"改革、民营经济、市场活力、改革开放 4 个维度、18 个指标的制度创新测度体系，刻画 2003~2018 年中国的制度创新水平，并分析其区域差异。

研究发现：国家层面，中国制度创新指数总体呈现不断提升的变化态势。推动制度创新指数的动力是民营经济和市场活力，表明中国制定的一系列支持鼓励非公有制经济发展的政策取得明显效果，在破除地方保护主义、培养市场要素、降低市场交易成本、激发市场活力方面的措施也积极有效。"放管服"改革得分提升幅度较小，反映出政府在转变职能、简政放权、消除冗员、吸收社会资金开放办学等方面仍然有待完善相关政策。改革开放维度得分呈现下降趋势，说明新时代如何进一步加强对外开放的制度创新，进一步挖掘吸引外资的潜力仍然是一项重要课题。区域层面，长三角地区、京津冀地区、泛大湾区的制度创新水平较高。长三角地区是由于"放管服"改革、民营经济和对外开放维度的得分带动，京津冀地区在"放管服"改革、市场活力、对外开放三个维度表现较好，泛大湾区最明显的优势是对外开放。省际层面，上海、北京、广东、江苏、天津、浙江位居前列，河南、山东、安徽、黑龙江、湖南位居后列。上海、北京、广东这些省份的共同特点是"放管服"力度大、效果明显，民营经济贡献大，对外开放措施有效。本书评价指标多以 GDP 为参照物，也反映出排名落后的省份其制度创新与经济发展地位不相匹配。

（3）基于泰尔指数的区域差异分析显示，从区域视角"横向"分析，中国制度创新的区域差异在研究周期内小幅缩减，八大区域内制度创新发展的不平衡是主要动因；区域间制度创新差异在不断扩大，暗示中国制度创新的板块效应和区域特征愈发明显，围绕区域战略布局开展制度创新将成为新要求。黄河上游地区对制度创新区域差异影响最大，黄河中下游地区、长三角地区、京津冀地区的影响次之。黄河上游地区的制度创新水平明显好于其经济地位，也证明经济欠发达地区同样可以走出一条符合自身特点的制度创新之路。从制度安排视角"纵向"分析，制度内差异是制度创新差异的关键因素。各地区"放管服"改革成效的不均衡是制度内差异的主导因素，并呈现"N"型阶段性变化特征。民营经济、市场活力制度安排对总差异贡献较小，对外开放的影响在显著降低。

基于 Dagum 基尼系数的区域差异分析显示，全国制度创新 Dagum 基尼指数呈现"U"型波动趋势，全国制度创新总体差异呈现先缩小后扩大，总体略有扩大。区域间差异来源是区域差异的主要来源，平均贡献率为 78.39%，且其变动趋势直接影响了全国总体差异的变化；超变密度来源次之，区域内差异来源最小。制度创新区域间差异中，长江中游地区与其他区域之间的差异最大，其次是泛大湾区与其他地区之间的差异；长三角地区与其他区域之间的制度创新差异扩大最明显。区域内差异中，京津冀区域内差异最大，其次是长三角地区。从变化趋势来看，京津冀地区和长江上游地区内部差异出现扩大趋势，其他地区均呈现缩小的演化趋势。

全国制度创新指数分布曲线与东北地区、京津冀地区、黄河中下游地区、黄河中游地区、长江上游地区、长江中游地区、长三角地区的分布曲线总体呈现向右移动，泛大湾区总体分布位置变化较小，表明除泛大湾区外，全国和其他区域制度创新水平整体提升。就分布态势而言，全国和东北地区、泛大湾区、黄河上游地区制度创新分布曲线主峰呈现倒 "U" 型趋势，说明这些地区制度创新差异先升后降；京津冀地区主峰呈现下降趋势，该地区制度创新差异扩大；黄河中下游地区、长江上游地区、长三角地区总体呈现上升趋势，该地区制度创新差异缩小；长江中游地区主峰高度呈现波浪形变化呈现 "M" 型。就延展性而言，全国和各区域均呈现分布曲线右拖尾现象，说明每个区域均有制度创新水平相对较高的省份；全国、京津冀地区、黄河中下游地区、黄河上游地区、长江上游地区的延展拓宽；东北地区、泛大湾区的延展收窄；长三角地区、长江中游地区的延展不变。就极化情况而言，全国、东北地区、黄河中下游地区、黄河上游地区、长江上游地区、长江中游地区分布曲线只有一个主峰，没有出现区域极化现象；京津冀地区、长三角地区、泛大湾区分布曲线有多个主峰，出现了多极化现象。

（4）就全国范围而言，研究周期内创新驱动水平均值为 1.76%，其中纯技术进步（LPTP）、规模效率、纯效率变动分别为 1.15%、0.21%、0.24%。纯技术进步（LPTP）是影响创新驱动水平的主要动因，贡献率高达 65.3%。就八大区域而言，研究周期内东北地区、京津冀地区、黄河上游地区、黄河中下游地区、长江上游地区、长江中游地区、长三角地区、泛大湾区创新驱动水平分别为 2.32%、4.52%、

1.25%、1.18%、1.68%、1.01%、2.35%、0.61%。京津冀地区、长三角地区、东北地区的创新驱动水平较高。

（5）通过分析制度创新对创新驱动水平（绿色全要素增长率）的影响，可以发现，制度创新对于创新驱动具有明显的正向促进作用，制度创新指数越高，创新驱动水平越高。制度创新对创新驱动的分解项的检验结果，制度创新对创新驱动的影响主要体现在推动技术进步上，而制度创新对纯效率变动和规模效率并没有产生影响。主要原因在于地方政府官员之间开展"技术引进"这种拿来主义，因为其时间短、见效快，往往更容易得到地方政府领导的青睐，于是制度创新对于技术进步的影响更明显。另外，纯效率需要多要素、多区域、多部分的相互联系、相互融合、渗透、协同、演化和相互促进，其本身改善相对较慢。

7.2 政策建议

（1）创新驱动需要提高技术水平、创新管理机制、减少要素投入等"多管齐下"。本书的研究结果说明，将技术研发、制度开发、物质资本积累纳入统一的研究框架，能够实现经济增长、物质消耗下降、环境改善的可持续发展结果，充分印证创新驱动并不是舍弃要素投入，而是技术、知识、制度、商业模式等无形资本和物质资本等有形要素相互组合，相互融合，共同作用。所以，实施创新驱动需要"多管齐下"：一是要加强科技创新，提高技术水平，尤其是要重视研发的作用，研发能够为永续发展提供源源不断的技术支持；二是创新管理机制，提高生产组织管理水平，激发全体社会成员的潜力，不断提高制度供给能力为可持续发展提供机制体制保障；三是降低物质消耗，宏观上加快调整、优化产业结构，微观上引入新材料、新工艺、新技术，推动低碳、循环发展，逐渐降低生产要素的投入量。

坚持制度上的自主创新，探索适合中国实际的制度创新，实现创新的内生化，为经济发展提供源源不断的动力。本书发现只有内生化的经济发展才是可持续的。制度创新本身也有从外生向内生转变的问题，其实质是转变制度创新的模式。从中国改革开放发展历程来看，农村联产承包制、价格改革等我国的自主制度创新带来了巨大的发展红利，但近年来，制度创新大多是学习、模仿和引进国外的，例如，养老制度、住房公积金制度，这些创新在发展中也带来了各种各样的问题。转变制度创新的方式，由外生转为内生，立足于自主创新，形成具有中国特色、符合中国实际、不易模仿的制度优势，这样才能为经济发展提供源源不断的动力。

（2）把长江中游地区作为制度创新的重要着力点。本书的研究结果中长江中游地区是制度创新的"洼地"，该地区在"放管服"改革、市场活力、对外开放维度整体表现较为落后。长江中游地区要进一步转变政府职能，严格控制政府机构数量，在机构改革的同时要做好人员优化、结构调整，防止一边精简机构一边增加政府人员。要厘清政府与市场的关系，明晰定位，压缩政府支出、政府固定资产投资，降低"挤出效应"。此外要加快培养市场要素，充分发挥市场中介组织作用，提高科技成果转化率，增加市场活力。江西、湖南两省是重中之重，解决好这两省的短板对于改善长江中游地区制度创新水平将起到事半功倍的效果。

（3）发挥区域核心省市的带动作用，提高区域制度创新的整体水平。本书的研究表明区域内差异是制度创新区域差异的关键因素，因此，提高区域内制度创新的协同发展能力是重点。本书区域划分依据国家经济战略布局的整体规划，每个区域内有国家中心城市、核心省份等，应充分发挥各区域内核心省份、城市的龙头作用，深化跨区域制度创新合作，形成一体化发展市场体系，缩小区域内部制度创新差距。相对落后地区应放弃"我的地盘我做主"的狭隘意识，坚决破除制度创新的条条框框、思维定势束缚，主动融入区域一体化发展战略，按照合理分工、优势互补的原则打造制度创新新高地。

（4）"放管服"改革仍是制度创新的首要任务。本书的研究表明，"放管服"改革在各地区发展不平衡是首要影响因素，转变政府职能是

"放管服"改革的"牛鼻子",重点是理顺政府和市场的关系,激发市场的活力和社会创造力。黄河上游地区的研究结果表明,经济发展水平并不一定是制度创新的决定性因素,经济欠发达地区同样可以走出一条符合自身特点的制度创新之路。从国家层面要做好"上下联动",及时制定区域性指导意见,总结先进地区经验,扩大交流和合作,提高全国"放管服"改革整体水平,协同提高区域制度创新能力;在地方层面,应充分发挥主观能动性,结合地方实际,积极探索独具特色的制度安排。

(5)加快原创性技术创新能力,提高纯技术效率推动力。本书发现制度创新通过技术进步影响创新驱动能力,而制度创新对纯效率的改进并没有显著影响。技术进步反映了通过引入新技术、新工艺带动生产前沿面向上移动,是技术革新自我发展的红利;而纯效率变动反映了生产过程中因生产技能提高、生产经验积累、劳动者技能提高、生产管理机制和体制创新等带来的产出效率的提高,是全要素生产率的本质诉求,也可以理解为生产条件、投入组合不变的情况下,产出的增加值。因此,剔除技术进步因素后,资源利用、生产组织管理对生产效率的改善作用较小。

一是注重将引进的技术转化、吸收为自有技术,将其转化为内生动力,实现自有生产效率的提高;二是要提高中国企业的自主创新能力,提高研发投入,开发出更多具有自主知识产权的新产品和新技术;三是高度重视自有知识产权的保护,为自主创新提供制度保障;四是高度重视教育,多项研究证明居民素质、劳动者素质对于提高绿色发展效率作用显著,因此重视教育能够从多种途径提高经济发展质量。"十年树木,百年育人"不管是高等教育还是职业教育均有周期长、见效慢的特点,这就要求在各种教育实践中,要及早进行顶层规划,在教育兴国上要持之以恒、坚持不懈地科学落实,为绿色发展提供人力资本红利。

(6)加快建立强可持续发展方式。

可持续发展可分为弱可持续和强可持续发展方式,前者认为虽然经济增长导致资源、环境等自然资本的减少,但是只要经济发展的收益大于资源、环境的损耗,发展就是可持续的,因为此时的社会总福利得到增加。强可持续发展理论认为经济发展必须限制在自然边界内,自然资本被消耗掉以后,是没有办法用人类的其他资源加以补偿的,要求在发展的过程中保持资源、环境等关键自然资本的非减性。弱可持续发展理论认为物质资本与自然资本之间是可以替代的,因而又被称为可替代发展范式;强可持续发展理论则认为物质资本与自然资本之间是不可替代的,又被称为不可替代发展范式。建立强可持续发展方式是持续满足人民对美好生活向往的时代要求。

首先,充分认识建立强可持续发展方式的重要性。

改革开放初期,人民群众的生活水平较低,人民群众对美好生活的向往是"吃饱饭、穿暖衣、住上房",为了提高生活水平,理论界认为资源、环境是必要的成本,因为经济发展的成就远远大于资源、环境的恶化。中国特色社会主义进入新时代,社会主要矛盾已经转化为人民日益增长的美好生活需要和不平衡不充分的发展之间的矛盾,良好的生态环境是人民对新时代美好生活的重要期待。原来的发展路径已不能满足人民的需要,只有建立强可持续发展方式,才能保证社会关键自然资本存量不下降,才能让人民对美好环境的向往成为现实,这也是亟待解决的问题。

建立强可持续发展方式是实现中国式现代化的内在选择。党的二十大报告指出,中国式现代化是人与自然和谐共生的现代化。绿色是中国式现代化的"底色"。"底色"能否持久、能否鲜明,事关中国式现代化的成败。党的二十大报告强调"无止境地向自然索取甚至破坏自然必然会遭到大自然的报复"[①],保持自然资源的存量是内在要求。建立强可持续发展方式正是贯彻落实"坚持节约优先、保护优先、自然恢复为主"方针的有效方法,在经济发展的同时保持资源环境的持续恢复,才能为中华民族永续发展提供源源不断的物质基础和环境保障。

建立强可持续发展方式是跨越"中等收入陷阱"的必然选择。党的二十大提出到 2035 年,我国人均国内生产总值达到中等发达国家水

---

① 中国式现代化——人与自然和谐共生的现代化(两会聚焦)[EB/OL]. 人民网 – 人民日报海外版,2023 – 03 – 09.

平。持续推动经济结构升级，实现更可持续、更加包容的高质量发展，顺利跨越"中等收入陷阱"，是今后一个时期中国面临的一个难题。总结拉丁美洲国家"中等收入陷阱"的经验，生态环境质量差、发展不可持续性是重要成因。拉丁美洲国家依靠具有比较优势的初级品推动经济的"起飞"，进入中等收入国家后，没有及时推动产业转型，经济发展依旧以牺牲资源环境为代价，受资源环境所限，发展的比较优势逐渐消失落入"中等收入陷阱"。中国要永久跨越"中等收入陷阱"，必须将资源、环境的存量约束纳入评价体系，倒逼产业转型，强可持续发展方式是必然选择。

建立强可持续发展方式是应对国际环境新变化的客观需要。改革开放以来中国的经济成就举世瞩目，中国已成为世界第二大经济体，在技术和资金方面积累了一定的比较优势，按照发展经济学的原理应参与更多的全球社会分工。中国的发展让西方国家的心理失衡，他们不希望看到一个强大的中国，因此阻挠中国参与更高级的全球社会分工和产业流动并获得话语权，这些行为从西方国家制裁华为、抹黑中国在非企业压榨员工、挑动越南民众反对中资企业等一系列事件中可以得到验证。中国面临特殊的国际政治环境和发展环境，为了国家经济安全，中国必须建立相对完整的工业体系和产业链，低端产业还不能完全放弃，这对资源环境提出了新的挑战。如何解决发展与保护的问题考验中国执政党的智慧，只有建立强可持续发展方式才能让低端产业与高端产业共存，保证中国产业安全和经济安全。

其次，从生态文明建设和高质量发展的高度加快建立强可持续发展方式。

做好强可持续发展的顶层设计。一是将强可持续发展理念贯穿规划、执行、监督、评估全过程，形成闭环管理合力。二是建立重要资源、环境资本的国家级、地方级清单库，实施分级分类管理。三是摸清重要自然资本的"家底"和空间分布特征。四是统一制定重要自然资本评价标准。

建立重要自然资本的核算体系。纳入清单库的自然资本要有独立的核算体系。一是明确自然资源的实物和价值核算体系。二是科学制定污染排放与生态环境建设量的对等结算方式。三是合理确定可再生资源与不可再生资源的结算价格。通过核算体系让每个地方政府清晰地了解资源消耗量、污染物排放量和生态环境建设量。

把生态建设摆在生态治理的首要位置。污染治理和生态建设是生态治理的重要内容。生态建设不仅能够通过吸收减少污染物排放，而且能够提供新增环境资本，以确保强可持续发展方式所要求的环境存量非减性发展。一是生态建设应按照"山水湖田林草"系统化建设的指导思想，统筹建设、统筹分配。二是要发挥国土空间规划的作用，不搞"一刀切"，根据各地实践情况，宜山则山、宜水则水、宜林则林，因地制宜开展生态建设。三是在生态建设的过程中保持生态存量的多样性。

建立重要自然资源、环境存量红线制度。一是借鉴耕地、水资源红线管理的经验，对空气环境、土壤、森林绿地等重要自然资源实行红线管理。二是可借鉴"河长制"的做法，对不同地区设立自然资本的"首席负责人"制，确保存量控制。三是将重要自然资本红线纳入各级政府的考核指标。

引导强可持续的生活方式。一是做好强可持续发展方式的宣传，引导全社会从关注经济、资源、环境总福利的存量，转向关注自然资本的结构和存量。二是建立家庭自然资本损耗核算机制。三是实施可再生能源与不可再生资源区别定价，例如，水电和煤电的差异化定价，引导公众参与强可持续发展。

建立自然资本的交易机制。建立生态福利的转移和补偿机制，充分发挥不同地区的空间优势，为生态产品价值实现探索新路径。建立全国和区域性自然资本交易市场，开发适宜自然资本交易的产品。扩充自然资本的抵押、质押等融资功能，增加自然资本的流动性。

支持鼓励强可持续产业发展。当前中国经济面临下行压力，以此为契机把强可持续产业作为未来经济增长的新动能。投资从传统的消耗自然资本产业和企业转向维护、扩展自然资本的产业和企业。成立生态建设、资源循环利用专项基金，扶持强可持续产业的发展壮大。鼓励以工代赈的荒漠化生态种植，允许企业、园区探索"小水电、小光伏、小风电"的循环生态利用模型。

7.3 研究的局限性

本书基于强可持续理论对中国制度创新的作用方式和作用机理进行研究，但仍然存在着一些不足之处，还有值得进一步研究的空间。

（1）环境污染评价体系有继续完善空间。本书将环境污染与经济产出同时纳入研究框架，为捕捉真实的经济发展效应奠定基础。本书基于强可持续理论，在测度环境污染时，构建了包含 18 个指标的评价体系。但是本书构建的生态建设指标多为耕地、森林、绿地等指标，对于土壤、沙化等指标未予以考虑。随着生活水平的提高，居民污染排放也日益加重，而评价指标主要关注工业污染则略显滞后。此外，在环境污染指标中，多为污染排放指标，环境实时检测类指标采用的较少，如空气优良天数、PM2.5 平均浓度、地表水等级等指标，这有可能与人的客观感知有所出入。因此在未来的研究中，完善测度指标体现，增强测度结果的人文感知，提高公众对环境评价的认同感，是需要继续研究的内容。

（2）缺乏制度创新的国际化比较研究。本书基于中国现状，从国家、地区、省际维度分别研究制度创新、区域差异及其对创新驱动的影响。受研究视野和数据所限，对于上述各项研究，缺乏不同国家之间的比较研究。因此，在未来的研究中要拓宽研究视野，通过国际比较，全面探究中国制度创新的质量，并提供国际化的经验总结。

（3）本书的研究样本还有继续深化的空间。本书以省和八大区域为研究对象，这样有可能导致地市层面的制度创新问题被忽略。所以在后续研究中将研究样本拓展至地市层面，细化研究内容，提高研究的有效性和针对性。

参 考 文 献

［1］蔡乌赶 . 技术创新、制度创新和产业系统的协同演化机理及实证研究 ［J］. 天津大学学报（社会科学版），2012（5）：401 – 406.

［2］蔡芸，杨冠琼 . 经济增长、全要素生产率与 GDP 核算误差 ［J］. 经济与管理研究，2010（7）：5 – 14.

［3］陈诗一 . 能源消耗、二氧化碳排放与中国工业的可持续发展 ［J］. 经济研究，2009，44（4）：41 – 55.

［4］陈诗一 . 中国各地区低碳经济转型进程评估 ［J］. 经济研究，2012（8）：32 – 44.

［5］成思危 . 深化改革要靠制度创新驱动 ［J］. 中国软科学，2014（1）：1 – 5.

［6］崔总合，杨梅 . 企业技术创新能力评价指标体系构建研究 ［J］. 科技进步与对策，2012（7）：139 – 141.

［7］董锋，龙如银，李晓晖 . 考虑环境因素的资源型城市转型效率分析——基于 DEA 方法和面板数据 ［J］. 长江流域资源与环境，2012，21（5）：519 – 524.

［8］董敏杰，梁泳梅 . 1978 – 2010 年中国经济增长来源：一个非参数分解框架 ［J］. 经济研究，2013（5）：17 – 32.

［9］樊纲，王小鲁，张立文 . 中国各地区市场化进程报告 ［J］. 中国市场，2001（6）：58 – 61.

［10］樊华，周德群 . 考虑非合意产出的全要素能源效率研究 ［J］. 数理统计与管理，2012，31（6）：1084 – 1096.

［11］冯之浚，刘燕华，方新，等 . 创新是发展的根本动力 ［J］. 科研管理，2015（11）：1 – 10.

[12] 于春晖, 郑若谷. 中国地区经济差距演变及其产业分解 [J]. 中国工业经济, 2010 (6): 25 - 34.

[13] 高帆. 我国经济转型中的创新之谜 [J]. 探索与争鸣, 2017 (4): 109 - 115.

[14] 郭亚军. 综合平价理论、方法及应用 [M]. 北京: 科学出版社, 2007.

[15] 洪银兴. 论创新驱动经济发展战略 [J]. 经济学家, 2013 (1): 5 - 11.

[16] 黄宁燕, 王培德. 实施创新驱动发展战略的制度设计思考 [J]. 中国软科学, 2013 (4): 60 - 68.

[17] 黄先海, 金泽成, 余林徽. 要素流动与全要素生产率增长: 来自国有部门改革的经验证据 [J]. 经济研究, 2017, 52 (12): 62 - 75.

[18] 江若尘, 陆煊. 中国 (上海) 自由贸易试验区的制度创新及其评估——基于全球比较的视角 [J]. 外国经济与管理, 2014 (10): 71 - 81.

[19] 蒋伟, 李蓉, 强林飞, 等. 环境约束下的中国全要素能源效率研究 [J]. 统计与信息论坛, 2015, 30 (5): 22 - 28.

[20] 康继军, 张宗益, 傅蕴英. 中国经济转型与增长 [J]. 管理世界, 2007 (1): 7 - 17.

[21] 李富强, 董直庆, 王林辉. 制度主导、要素贡献和我国经济增长动力的分类检验 [J]. 经济研究, 2008 (4): 53 - 65.

[22] 李平. 环境技术效率、绿色生产率与可持续发展: 长三角与珠三角城市群的比较 [J]. 数量经济技术经济研究, 2017, 34 (11): 3 - 23.

[23] 李婉红. 排污费制度驱动绿色技术创新的空间计量检验——以 29 个省域制造业为例 [J]. 科研管理, 2015 (6): 1 - 9.

[24] 李晓伟. 技术创新与制度创新的互动规律及其对我国建设创新型国家的启示 [J]. 科技进步与对策, 2009 (17): 1 - 4.

[25] 李政大，刘坤．中国绿色包容性发展图谱及影响机制分析 [J]．西安交通大学学报（社会科学版），2018（1）：48-59．

[26] 李政大，袁晓玲，杨万平．环境质量评价研究现状、困惑和展望 [J]．资源科学，2014（1）：175-181．

[27] 林昌华．新时代民营经济持续健康发展评价监测路径探究 [J]．哈尔滨工业大学学报（社会科学版），2022，24（6）：148-154．

[28] 刘英基．高技术产业技术创新、制度创新与产业高端化协同发展研究——基于复合系统协同度模型的实证分析 [J]．科技进步与对策，2015（2）：66-72．

[29] 刘云，黄雨歆，叶选挺．基于政策工具视角的中国国家创新体系国际化政策量化分析 [J]．科研管理，2017（S1）：470-478．

[30] 刘云，叶选挺，杨芳娟，等．中国国家创新体系国际化政策概念、分类及演进特征——基于政策文本的量化分析 [J]．管理世界，2014（12）：62-78．

[31] 卢中原，胡鞍钢．市场化改革对我国经济运行的影响 [J]．经济研究，1993（12）：49-55．

[32] 鲁晓东，连玉君．中国工业企业全要素生产率估计：1999—2007 [J]．经济学（季刊），2012（2）：541-558．

[33] 马怀德．加快转变政府职能　扎实推进依法行政 [J]．中国行政管理，2022（12）：14．

[34] 马建堂．建设高标准市场体系与构建新发展格局 [J]．管理世界，2021，37（5）：1-10．

[35] 毛伟．制度变革的经济绩效——兼论优化配置与创新驱动的作用 [J]．学术月刊，2020，52（5）：62-71．

[36] 邱国栋，马巧慧．企业制度创新与技术创新的内生耦合——以韩国现代与中国吉利为样本的跨案例研究 [J]．中国软科学，2013（12）：94-113．

[37] 冉爱晶，周晓雪，肖咪咪，等．我国中小企业组织创新氛围的架构和异质性研究 [J]．科学学与科学技术管理，2017（5）：72-84．

［38］宋冬林，谢文帅. 新中国成立七十年农村经济体制改革的政治经济学逻辑［J］. 苏州大学学报（哲学社会科学版），2019，40（5）：82-92.

［39］孙宁华，曾磊. 间歇式制度创新与中国经济波动：校准模型与动态分析［J］. 管理世界，2013（12）：22-31.

［40］王海兵，杨蕙馨. 创新驱动与现代产业发展体系——基于我国省际面板数据的实证分析［J］. 经济学（季刊），2016（4）：1351-1386.

［41］王宏伟，李平. 深化科技体制改革与创新驱动发展［J］. 求是学刊，2015，42（5）：49-56.

［42］王晟. 技术创新制度影响技术创新行为和绩效的机理研究——以上海和浙江民营制造企业为例［J］. 科技进步与对策，2010（16）：93-96.

［43］王希元. 创新驱动产业结构升级的制度基础——基于门槛模型的实证研究［J］. 科技进步与对策，2020，37（6）：102-110.

［44］王志刚，朱慧. 中国财政政策乘数效应分析［J］. 财政科学，2021（2）：14-25.

［45］魏玮，安秀玹. 创新、制度与企业出口绩效［J］. 财经问题研究，2016（3）：111-115.

［46］谢朝华，刘衡沙. 中国金融发展与TFP关联关系实证研究——基于技术创新和制度创新的中介效应分析［J］. 财经理论与实践，2014（1）：33-38.

［47］辛宇，徐莉萍，李新春. 制度评价、持股水平与民营企业家的幸福感［J］. 南开管理评论，2014（1）：14-25.

［48］徐杰芳，田淑英，占沁嫣. 中国煤炭资源型城市生态效率评价［J］. 城市问题，2016（12）：85-93.

［49］许士春，何正霞，魏晓平. 资源消耗、污染控制下经济可持续最优增长路径［J］. 管理科学学报，2010（1）：20-30.

［50］杨万平. 能源消费与污染排放双重约束下的中国绿色经济增

长 [J]. 当代经济科学, 2011 (2): 91-98.

[51] 殷华, 高维和. 自由贸易试验区产生了"制度红利"效应吗?——来自上海自贸区的证据 [J]. 财经研究, 2017, 43 (2): 48-59.

[52] 袁中华, 高文亮. 新兴产业制度的创新机制与模式研究 [J]. 科技进步与对策, 2012, 29 (9): 94-99.

[53] 曾贤刚. 中国区域环境效率及其影响因素 [J]. 经济理论与经济管理, 2011 (10): 103-110.

[54] 张红丽, 胡成林. 制度创新、企业技术创新与出口贸易协同演化研究——基于国有高新技术企业的实证研究 [J]. 石河子大学学报(哲学社会科学版), 2014 (5): 58-65.

[55] 张来武. 论创新驱动发展 [J]. 中国软科学, 2013 (1): 1-5.

[56] 张埼. 建立现代企业制度的理论探索 中国20世纪90年代的企业改革思想 [J]. 中国经济史研究, 2023 (1): 151-167.

[57] 张新香. 商业模式创新驱动技术创新的实现机理研究——基于软件业的多案例扎根分析 [J]. 科学学研究, 2015 (4): 616-626.

[58] 章上峰, 顾文涛. 超越对数生产函数的半参数变系数估计模型 [J]. 统计与信息论坛, 2011 (8): 18-23.

[59] 赵静, 薛强, 王芳. 创新驱动理论的发展脉络与演进研究 [J]. 科学管理研究, 2015 (1): 1-4.

[60] 郑春美, 余媛. 高新技术企业创新驱动发展动力机制研究——基于制度环境视角 [J]. 科技进步与对策, 2015 (24): 71-76.

[61] 周黎安. 中国地方官员的晋升锦标赛模式研究 [J]. 经济研究, 2007 (7): 36-50.

[62] 周小亮, 李婷. 技术创新与制度创新协同演化下促进经济增长的条件研究 [J]. 东南学术, 2017 (1): 189-197.

[63] 周小亮. 新常态下中国经济增长动力转换: 理论回溯与框架设计 [J]. 学术月刊, 2015 (9): 15-26.

[64] 诸大建. 可持续性科学: 基于对象—过程—主体的分析模型

［J］. 中国人口·资源与环境，2016（7）：1 -9.

［65］ Barasa L，Knoben J，Vermeulen P，et al. Institutions，Resources and Innovation in East Africa：A Firm Level Approach ［J］. Research Policy，2017，46（1）：280 -291.

［66］ Barro R J，Martin X S I. Economic Growth ［M］. London：The MIT Press，2004.

［67］ Bekhet H A，Latif N W A. The Impact of Technological Innovation and Governance Institution Quality on Malaysia's Sustainable Growth：Evidence from a Dynamic Relationship ［J］. Technology in Society，2018，54（8）：27 -40.

［68］ Ben Youssef A，Boubaker S，Omri A. Entrepreneurship and Sustainability：The Need for Innovative and Institutional Solutions ［J］. Technological Forecasting and Social Change，2018（129）：232 -241.

［69］ Chambers R G. Exact Nonradial Input，Output，and Productivity Measurement ［J］. Economic Theory，2002，20（4）：751 -765.

［70］ Chau K W，Choy L H T，Webster C J. Institutional Innovations in Land Development and Planning in the 20th and 21st Centuries ［J］. Habitat International，2018（75）：90 -95.

［71］ Cheng G，Zervopoulos P D. Estimating the Technical Efficiency of Health Care Systems：A Cross-Country Comparison Using the Directional Distance Function ［J］. European Journal of Operational Research，2014，238（3）：899 -910.

［72］ Chen H，Liao H，Tang B，et al. Impacts of OPEC's Political Risk on the International Crude Oil Prices：An Empirical Analysis Based on the SVAR Models ［J］. Energy Economics，2016（57）：42 -49.

［73］ Chen Y，Ye S，Ting C，et al. Antibacterial Activity of Propolins from Taiwanese Green Propolis ［J］. Journal of Food and Drug Analysis，2018，26（2）：761 -768.

［74］ Chung Y H，Fare R，Grosskopf S. Productivity and Undesirable

Outputs: A Directional Distance Function Approach [J]. Journal of Environmental Management, 1997, 51 (3): 229 – 240.

[75] Daniluk A. Cooperation between Business Companies and the Institutions in the Context of Innovations Implementation [J]. Procedia Engineering, 2017 (182): 127 – 134.

[76] Deakin M, Reid A. Sustainable Urban Development: Use of the Environmental Assessment Methods [J]. Sustainable Cities and Society, 2014, 10 (0): 39 – 48.

[77] De Leeuw T, Gössling T. Theorizing Change Revisited: An Amended Process Model of Institutional Innovations and Changes in Institutional Fields [J]. Journal of Cleaner Production, 2016 (135): 435 – 448.

[78] Divisekera S, Nguyen V K. Determinants of Innovation in Tourism Evidence from Australia [J]. Tourism Management, 2018 (67): 157 – 167.

[79] Farrell M J. The Measurement of Productive Efficiency [J]. Journal of the Royal Statistical Society, Series A (General), 1957, 120 (3): 253 – 290.

[80] Fare R, Grosskopf S, Pasurka Carl A Jr. Environmental Production Functions and Environmental Directional Distance Functions [J]. Energy, 2007, 32 (7): 1055 – 1066.

[81] Fethi M D, Pasiouras F. Assessing Bank Efficiency and Performance with Operational Research and Artificial Intelligence Techniques: A Survey [J]. European Journal of Operational Research, 2010, 204 (2): 189 – 198.

[82] Fuentelsaz L, González C, Maicas J P. Formal Institutions and Opportunity Entrepreneurship. The Contingent Role of Informal Institutions [J]. BRQ Business Research Quarterly, 2018, 22 (1): 5 – 24.

[83] Gaigalis V, Skema R. Sustainable Economy Development and Transition of Fuel and Energy in Lithuania after Integration into the European

Union ［J］. Renewable and Sustainable Energy Reviews, 2014, 29 (0):
719 – 733.

［84］ Grifell – Tatjé E, Lovell C A K. A note on the Malmquist Produc-
tivity Index ［J］. Economics Letters, 1995, 47 (2): 169 – 175.

［85］ Hailu A, Veeman T S. Non-Parametric Productivity Analysis with
Undesirable Outputs: An Application to the Canadian Pulp and Paper Indus-
try ［J］. American Journal of Agricultural Economics, 2001, 83 (3):
605 – 616.

［86］ Kukk P, Moors E H M, Hekkert M P. Institutional Power Play in
Innovation Systems: The Case of Herceptin® ［J］. Research Policy, 2016,
45 (8): 1558 – 1569.

［87］ Kumbhakar S, Denny M, Fuss M. Estimation and Decomposition
of Productivity Change when Production is Not Efficient: A Paneldata Ap-
proach ［J］. Econometric Reviews, 2000, 19 (4): 312 – 320.

［88］ M L, A S, B J Z. Modeling Undesirable Factors in Efficiency
Evaluation ［J］. European Journal of Operational Research, 2002, 142
(1): 16 – 20.

［89］ Neumayer E. Weak Versus Strong Sustainability: Exploring the
Limits of Two Opposing Paradigms ［M］. 4thed. London: Edward Elgar Pub-
lishing, 2013.

［90］ Neumayer E. Weak Versus Strong Sustainability: Exploring the
Limits of Two Opposing Paradigms ［M］. Cheltenham: Edward Elgar, 2003.

［91］ Randrianarisoa L M, Bolduc D, Choo Y Y, et al. Effects of Cor-
ruption on Efficiency of the European Airports ［J］. Transportation Research
Part A: Policy and Practice, 2015 (79): 65 – 83.

［92］ Rasiah R, Shahrivar R B, Yap X. Institutional Support, Innova-
tion Capabilities and Exports: Evidence from the Semiconductor Industry in
Taiwan ［J］. Technological Forecasting and Social Change, 2016 (109):
69 – 75.

［93］ Rogers B C, Brown R R, de Haan F J, et al. Analysis of Institutional Work on Innovation Trajectories in Water Infrastructure Systems of Melbourne, Australia ［J］. Environmental Innovation and Societal Transitions, 2015 (15): 42 – 64.

［94］ Rolf F, GrosskoPf S, Norris M, et al. Produetivity Growth, Technieal Progress, and Emcieney Change in Industrialised Countrie ［J］. Amerian Eeonomies Revie, 1994, 84 (1): 66 – 83.

［95］ Schut M, Van Asten P, Okafor C, et al. Sustainable Intensification of Agricultural Systems in the Central African Highlands: The Need for Institutional Innovation ［J］. Agricultural Systems, 2016 (145): 165 – 176.

［96］ Solow R M. Technical Change and the Aggregate Production Function ［J］. Review of Economics and Statistics, 1957, 39 (3): 312 – 320.

［95］ Taebi B, Correljé A, Cuppen E, et al. Responsible Innovation as an Endorsement of Public Values: The Need for Interdisciplinary Research ［J］. Journal of Responsible Innovation, 2014, 1 (1): 118 – 124.

［98］ Tone K. A Slacks-Based Measure of Efficiency in Data Envelopment Analysis ［J］. European Journal of Operational Research, 2001, 130 (3): 498 – 509.

［99］ Tone K, Tsutsui M. An Epsilon-based Measure of Efficiency in DEA—A Third Pole of Technical Efficiency ［J］. European Journal of Operational Research, 2010 (207): 1554 – 1563.